D1675899

Christoph von Fircks

ERLEBTES
WEITER ERZÄHLT

Kurzgeschichten
Mit Illustrationen von Mareile Bönisch

Engelsdorfer Verlag
Leipzig
2020

Bibliografische Information durch die Deutsche Nationalbibliothek:
Die Deutsche Nationalbibliothek verzeichnet diese Publikation in der Deutschen Nationalbibliografie; detaillierte bibliografische Daten sind im Internet über https://dnb.de/DE/Home/home_node.html abrufbar.

ISBN 978-3-96145-951-3

Copyright (2020) Engelsdorfer Verlag Leipzig

Alle Rechte beim Autor und den Illustratoren

Foto vom Autor: Barbara von Fircks
Foto von der Illustratorin: Christoph von Fircks
Titel: Drei Raben im Gespräch, Holzschnitt von Mareile Bönisch
Weitere Radierungen: Mareile Bönisch
Beratende Betreuung und Bearbeitung: Dr. Margot Krempien

Hergestellt in Leipzig, Germany (EU)
www.engelsdorfer-verlag.de

14,00 Euro (DE)

INHALT

Zum Geleit 7
Mein linker Schnürsenkel 11
Als wir nach Honolulu fuhren 15
Warum ich Fußball nicht mag 25
Späte Rechtfertigung 27
Reset 30
Ich als Wutbürger 35
Parken 38
Mein gestörtes Verhältnis zu Brillen 41
Risiken und Nebenwirkungen 44
Maulhelden 47
Als Barlach brannte 51
SGNA oder eine Frage der Kommunikation 55
Linkerhand 57
Schneckenfrust 61
Nie mehr allein 63
Kunst am Baum 71
Fremdwörter können fremd machen 74
Essen mit Sandra 79
Die Stimme aus dem Kästel 83
Haendrike 86

Die Nacht in der ich beinahe zum Helden mutiert wäre –
oder von der Natur lernen 88
Die Maus, die grinst oder die Wirkung von Musik 92
Der Winterfrosch 101
Alle Jahre wieder 106

Dankesworte 110
Zum Autor 111
Zur Illustratorin 112

Zum Geleit

Christoph von Fircks schreibt seit seiner Jugend. Er hat mehrere Bücher veröffentlicht. Es ist für ihn ein inneres Bedürfnis Erlebnisse und Gedanken aufzuschreiben. So sind zahlreiche Kurzgeschichten entstanden. Geschichten, die das Erlebte als Basis haben. Da ist vom ständigen Ärger mit den Schnürsenkeln, von dem gestörten Verhältnis zu Brillen, vom Ärger über Kochsendungen oder über den Schneckenfrust zu lesen. Der Autor erinnert in einigen Geschichten an Erlebnisse aus DDR- und Wendezeit. Er beschreibt anschaulich den Umgang mit den Raffinessen der neuen Technik und die daraus resultierenden Lebensgewohnheiten.

Erlebnisse und Beobachtungen lösen im Autor Gedanken aus, phantasievoll bis skurril. So entstehen lebens- und zeitnahe Texte. Sie haben einen satirisch-gesellschaftlichen Hintergrund, sind humorvoll, auch ironisch und kritisch. Aus subjektiven Erlebnissen des Autors werden Handlungsabläufe in denen sich sicher manche Leserinnen und Leser wiederfinden werden.

Gerne hat Christoph von Fircks diese Kurzgeschichten bei Lesungen vorgetragen. Immer hatte er die Kritik hinzunehmen, warum es kein Buch mit diesen Geschichten gäbe.

Nun kann eine Auswahl seiner Kurzerzählungen in diesem Band gelesen werden, um dabei lächelnd über das Leben, insbesondere das eigene, nachzudenken.

Die sehr feinfühligen Radierungen von Mareile Bönisch zeugen von ihrer Verbundenheit mit Mecklenburg-Vorpommern und bereichern damit den vorliegenden Geschichtenband.

Mein linker Schnürsenkel

Erstaunlich, aber auch einfache Dinge entziehen sich unserem Verständnis. Da ist zum Beispiel mein linker Schnürsenkel. Immer ist er offen, hängt herum, schlängelt sich neben dem Schuh. Ich verstehe es nicht, denn ich binde ihn nicht weniger gewissenhaft als den rechten. Ich habe versucht, den Grund herauszufinden. Nachdenken half nicht. Also habe ich mich beobachtet, wie ein interessantes Objekt, den Gang, die Haltung der Füße in Sitzstellung. Ergebnislos.

Ein offener Schnürsenkel ist ziemlich lästig. Er löst Beschützerinstinkte aus. Wildfremde sprechen einen an und natürlich Bekannte, Freunde, Kinder. Wirklich alle. Ich kann es nicht mehr hören. „Ihr Schnürsenkel ist offen!"

Nickt man nur beiläufig und leitet nicht sofort alle notwendigen Bewegungsabläufe ein, den verfluchten linken Schnürsenkel wieder zu einer Schleife zu binden, folgt die ernste Mahnung: „Nicht, dass Sie fallen" oder „Sie werden noch hinfallen."

Meine zeitweilige Antwort auf den Hinweis des offenen Schnürsenkels: „Ja, der linke", gebe ich nicht mehr. Sie provozierte Ärger, und der Folgehinweis auf das bedingte Hinfallen klang danach wie der ausdrückliche Wunsch, dass ich gleich und folgenschwer hinschlüge. Blutende Nase und Schlimmeres. Irgendwie habe ich dafür sogar Verständnis. Schließlich wird man selber als personifizierter Samariter auch nicht gerne abgewiesen.

Die reflexartige Auslösung des Warnmechanismus lässt darauf schließen, dass die Menschen sich schon sehr lange mit so etwas wie Schnürsenkeln plagen. Denn nur was uns die Evolution lehrte, können wir richtig. Muss ja auch ziemlich tödlich gewesen sein, so ein hängender Fußlappen oder der Riemen, der ihn halten sollte und der einen gerade straucheln lässt, als der wilde Höhlenlöwe schon zu dicht an der eigenen Haut ist.

Ich bin nicht tatenlos geblieben. Habe die Senkelsorte gewechselt, ja sogar versucht, die Schuhe ohne Schnürsenkel zu tragen. Was merkwürdigerweise den eigenen Stellenwert gleich um mehrere Schichten sinken lässt und das, so glaube ich, kann ich mir echt nicht leisten. Unglücklicherweise ist mein Spann so hoch, dass mich Slipper, wenn ich überhaupt in sie hineinkomme, so bedrängen, dass sie als senkelloses Schuhzeug für mich leider ausscheiden.

Manchmal träume ich davon, barfuß zu gehen, wenigstens links. Aber wann folgt man schon seinen Träumen?

Seit einiger Zeit bin ich dazu übergegangen, den linken Schnürsenkel morgens erst gar nicht mehr zu binden. Das erlöst mich von dem Ärger etwas gemacht zu haben, was nicht tauglich ist für das Leben. Und die unausbleiblichen Ermahnungen treffen mich nicht mehr persönlich. Was ihre Lästigkeit reduziert, ja, manchmal ärgere ich mich schon über eine gewisse Sorte Mitmenschen, Stiesel, die einen einfach so in der blanken Gefahr weiter laufen lassen. Von wegen: „Ihr Schnürsenkel ist offen, Sie werden noch hinfallen". Nichts sagen die. Dabei ist ein offener Schnürsenkel wirklich gefährlich. Ich weiß es, bin letzte Woche gestürzt. Die Straßenbahn kam noch vor mir zum Stehen, aber ich bin mit dem Knie auf die Schienen geschlagen. Jedenfalls ist meine Kniescheibe kaputt und das Bein eingegipst. So habe ich Zeit, darüber nachzudenken. Aber ich finde keine Lösung. Es war nämlich nicht, wie Sie sicher denken. Der linke Schnürsenkel war ausnahmsweise einmal gebunden. Ich bin über den rechten gefallen.

Sind offene Rechte gefährlicher als offene Linke?

Als wir nach Honolulu fuhren

Natürlich sind wir, als gelernte Bürger der Deutschen Demokratischen DDR mit nur geringem Talent, Ärger zu verursachen, nicht wirklich nach Honolulu gefahren. Aber Honolulu hatte sich als Reiseziel ergeben. In einer Autobahnraststätte an einem Vierertisch mit einem DM-Paar beim deutsch-deutschen Dialog. Das Gespräch war lebhaft. Die D-Marks legten sich tüchtig ins Zeug, berichteten von ihren tollen Reisen: Mallorca, Tunesien, Teneriffa.

„Und wohin fahren Sie dieses Jahr?", fragte der nette Fremde.

„Wir?", sagte meine Frau nachlässig gedehnt, „wir fahren nach Honolulu."

„Ja, dürfen sie denn das?", staunte die DM-Frau.

„Wir schon", antwortete ich.

Darauf erlosch das so informative Gespräch und das weitgereiste Ehepaar zahlte ihre Devisen so schnell, dass es schon einer Flucht glich.

„Ich glaube, die glauben wir sind die Vorgesetzten von Mielke oder mindestens Honeckers linke Hand", sagte meine Frau und lachte.

Das war so um Ostern herum. Bald darauf begannen unsere Reisevorbereitungen. Große Ereignisse werfen lange Schatten voraus.

Meine Frau und ich einigten uns auf Bulgarien. Für die Kinder sollte es eine Überraschung bleiben. Mit dem Trabant zur Schwarzmeerküste. Den Weg dahin wollten wir mit als Ziel sehen. Spätestens als sich bestimmte Konserven im Keller anhäuften, ahnten die Kinder, dass etwas Größeres ansteht. Sie fragten wieder und wieder nach dem Reiseziel.

„Wir fahren nach Honolulu", sagte ich genervt.

„Ist das nicht NSW?", fragte unser Sohn.

„Was ist NSW?", wollte die Kleine wissen.

„NSW steht als Abkürzung für Nicht-Sozialistisches-Währungssystem, kurz Westen", erklärte ihr unser altkluger Sohn.

„Da will ich aber nicht hin", jammerte unser Töchterchen, „ein Mitglied des Gruppenrates fährt nicht zu den Kapitalisten. Das sind doch Ausbeuter, Kinderschinder, Kriegstreiber."

Beim Zubettgehen gab es an meiner Äußerung Manöverkritik durch meine Frau: „Wie kannst du den Kindern nur so einen Schwachsinn aufbinden. Die erzählen das in der Schule und ratz batz können wir uns die Visa abschminken. Du weißt doch wie schnell das geht."

Wir kamen überein, beim Frühstück mit der Wahrheit rauszurücken und den Kindern sehr streng das Weitertragen dieses Spaßes zu untersagen. Sie kannten ja seit dem Kindergarten, dass das System der zwei Wahrheiten ohne Lügen auskam, wenn man einfach über manches nicht sprach.

In der Familie blieb es aber bei Honolulu als Reiseziel. Selbst unser angerötetes Töchterchen benutzte den Ortsnamen aus dem Gebiet des Klassenfeindes.

Ab Pfingsten ging die Urlaubsvorbereitung in die heiße Phase. Mein Schwerpunkt war die Ersatzteilbeschaffung. Bei den Dienstreisen blieb viel Zeit in den Trabantläden. Sogar einen Lüfterschlauch und eine Frontscheibe ergatterte ich.

„Toll", sagte meine praktische Frau, „und das Beides brauchen wir nun wirklich nicht. Zündverteilerplatte, Vergaser, Zündkerzen, weißt du doch."

„Aber so eine Frontscheibe, das ist ein Stück Kapital, geht glatt als Zahlungsmittel durch."

„Und wie willst du sie transportieren? Wir bekommen sowieso nicht alles unter. Allein schon die 40 Konserven, oder hast du einen Hänger?"

„Einen Hänger habe ich nicht", erwiderte ich kleinlaut, „ aber ich kenn einen, der einen Hänger verleiht."

„Dann besorg den", legte mein Urlaubskommandeur beim Honolulu-Familienrat fest.

„Ich hab ein DDR-Schild von meinem Taschengeld gekauft", verkündete unsere Kleine und war über sich selber gerührt.

„Sag mal Alter", sagte unser neunmalkluger Sohn, „hast du nicht eine Frontscheibe? Kalles Onkel braucht eine. Er bietet zwei Kisten Trabantersatzteile. Die sollen bis hinter Honolulu reichen."

Das frühzeitliche Prinzip „Dies für das" und eine geniale Strategie meiner Frau führten dazu, dass die Liste mit dem Benötigten immer mehr Erledigt-Häkchen bekam.

Zwei Tage vor Reiseantritt holte ich den Hänger. Dafür fuhr ich fast quer durch das Land.

Als ich endlich vor unserem Block einparkte, kam meine Frau gerade vom Wäscheplatz. Sie sah sehr müde aus.

„Du siehst aber schlecht aus", sagte ich und meinte eigentlich, dass sie sehr angestrengt aussehe, so wie jemand aussieht, der zu lange und zu viel gearbeitet hat.

„Danke", sagte sie eisig und drehte sich so brüsk ab, dass ihr Verhalten selbst den Kindern, die den „Klaufix" bewundern wollten, auffiel.

„Lasst ihr euch jetzt scheiden?", fragte unser Töchterchen besorgt. Scheidungen gehörten bei den Eltern ihrer Mitschüler fast zum guten Umgang.

„ Ach was", beruhigte ich sie, „das war alles für Mama zu viel, da liegen die Nerven blank, und ich habe mich auch ziemlich blöde ausgedrückt. Wenn wir erst einmal unterwegs sind, dann wird alles wieder gut."

„Dafür fahren wir ja auch nach Honolulu", witzelte unser Altkluger.

Tatsächlich, es hätte ein Wunder sein können, wenn es nicht Zielstrebigkeit gewesen wäre, rollte unser kleines Long Vehicle am Samstag genau wie geplant um sechs Uhr in der Frühe los.

Honolulu wir kommen.

Nun ist ein Trabant als Fahrzeug ja ohnehin keine Ausgeburt an Spritzigkeit. Unser lief eigentlich ganz gut. 102 Spitze. Mit Anlauf. Aber jetzt mit voller Last galt das nicht. Aber mehr als 80 war sowieso nicht erlaubt.

Den ganzen gestrigen Tag hatten wir gepackt, umgepackt. Trotz Hänger war Optimierung angesagt, ohne Hohlräume. Schließlich hatten wir alles untergebracht, selbst den großen Reservekanister, sehr viele Fläschchen Zweitaktöl und auch die Hundert Druckspüler. Darum hatte uns unser bulgarischer Gastgeber gebeten. Er war gelernter orthodoxer Priester, der sich statt Kirchenamt lieber unchristlich durchs Leben klempnerte. DDR-Druckspüler waren in Bulgarien der Renner. Unsere Kauforgien bezüglich Druckspüler in der erweiterten Heimatregion waren planwirtschaftlich bestimmt nicht vorgesehen. Nicht nur das hatte uns ein schlechtes Gewissen gemacht. Wir wussten ja nicht, ob wir technische Hilfsmittel des Sanitärbereiches ausführen durften und wenn ja, ob in dieser Stückzahl. „Hoffentlich werden wir nicht gefilzt", sorgte sich meine Frau beim Packen.

Jetzt, da wir rollten, sah sie ganz entspannt aus. „Ich glaube wir haben nichts vergessen", sagte sie, fasste sicherheitshalber nach dem Brustbeutel mit den vier Währungen und schlief ein. Ich musste sie immer wieder ansehen. Aus dem Augenwinkel im kurzen Autofahrerblick. Die Körperpartie, die ihr hellblaues Nicki spannen ließ, sah ungewohnt üppig aus. Hatte sie einen neuen BH? Oder sollten die zwei Scheinchen, die uns lieber Westbesuch als Sicherheitsgroschen gelassen hatte, so heben? Beim morgendlichen Drapieren wollte ich das zu gerne testen, aber mit dem gestrengen Hinweis, dass ich doch wohl nicht das schöne Westgeld zerknittern wolle, wurde dieser Körperbereich tabuisiert.

Auf der Autobahn kamen wir ganz gut voran. Irgendwann öffnete meine Frau ein Auge. „Oh, so weit schon", sagte sie. Da waren wir auf dem Berliner Ring und schon am Stettiner Abzweig vorbei. „Geht schön flott", sagte ich und hätte es nicht sagen sollen. Denn gerade in dem Moment schien der Hänger dem Auto die Fahrtrichtung vorgeben zu wollen. Mit Mühen gelangten wir auf dem Randstreifen. Da hatten wir das Malheur. Der Hänger stand schief, das linke Rad nur noch Felge. Schlauch und Mantel fetzten auf den letzten zweihundert Metern Autobahn.

„Der Klaufix hat ein Reserverad", bemerkte unser kluger Sohn.

„Aber dann?", hinterfragte meine Frau die Zukunft.

Auch mir war klar, dass wir ein neues Rad brauchten. Und das Sonnabend war und alle Werkstätten zu. Also runter von der Autobahn, ran an die nächste Tanke und fragen. Die Ängste bestätigten sich. Alles zu. Nur im Nachbarort, da wäre ein Privater und der wäre meistens da.

Er war tatsächlich da, hatte auch eine fürsorgliche Nettigkeit, aber keine Hängerbereifung.

„Wie weit soll es denn gehen?" fragte er.

„Bis nach Honolulu", antwortete ich.

„Soweit!", er lachte, „wissen Sie, ich habe mir privat Bereifung für ein Schubkarrenrad gekauft. Die passt für die Felge, soll in der Not helfen, wenn man schön vorsichtig fährt."

Wir kauften ihm die Bereifung für die Schubkarre ab.

Für die Ausreise aus der Deutschen Demokratischen DDR bereiteten wir uns vor. Meine Frau prüfte mit schnellen Frauengriff den Sitz ihres prachtvollen BH's, legte die Pässe zurecht und schwieg. Diese Grenze war voller Kälte und Ungewissheit, mit Beamten, die sauer zu seien schienen, wenn man ausreiste, die misstrauisch und herrisch die Rückkehrer begrüßten.

Unser Beamter war keine Ausnahme. Seine Gesichtszüge kündeten von Zweifel an Allem und gegen Jeden. Er verlangte die Pässe und fragte nach dem Reiseziel. Mir ist bis heute unklar, was mich geritten hatte, war es der Erfolg beim Reifenhändler oder eine freud'sche Fehlleistung, jedenfalls sagte ich: „Honolulu".

Der Beamte sah die Pässe an, sah mich an. In sein Gesicht zog ein süffisantes Grinsen, das Unheil verhieß. „Fahren sie vorne rechts auf den Kontrollstreifen, alle aussteigen, alles auspacken."

Ich traute mich nicht, meine Frau anzuschauen, ahnte aber ihren Gesichtsausdruck.

Da standen wir nun auf dem zugigen Kontrollstreifen.

„Oh, oh, Papa", fasste Sohnemann seine Kritik zusammen und begann die Verschnürung der Persenning zu lösen.

„Mir ist schlecht", sagte meine Frau und dachte wohl an die hundert Druckspüler. Unser Töchterchen, die Gute, hatte ihre Blockflöte mit hinaus genommen und intonierte das Lied vom Stolz ein Thälmannpionier zu sein, genauso verquäkt, wie es die Klasse zu singen pflegte.

Ich hatte gerade mit dem Leerräumen eines sehr vollgekramten Autos begonnen, als ein „cheffich" aussehender Beamter auf uns zukam. Er hatte unsere Ausweise in der Linken, sah sie an, sah mich an und fragte: „Bedient die Wanda noch im Lindenkrug? Hab mal bei Euch gedient. Gute Weiterfahrt und viel Spaß beim Tauchen im Schwarzen Meer."

„Was nun – war's das", staunte meine Frau, kaum als wir befreit ins Nachbarland einrollten.

Ich zuckte nur mit den Achseln.

„Unsere Grenze ist und bleibt eben ungewiss. Das halten sie mit Absicht so, um das Angstpotential aufrecht zu erhalten. Sag mal Kleines kannst du auch noch ein anderes Lied?"

Sie flötete immer noch auf dem Stolz der Thälmannpioniere herum.

„Doch", sagte sie, „aber das ist so schön."

Durch die Tschechoslowakei und Ungarn rutschten wir so durch, schliefen vor der rumänischen Grenze zwischen Sonnenblumen und waren, der Tag sah noch blass und so müde wie wir aus, an der rumänischen Grenze.

Ich ordnete mich in einer Spur ein, die mir richtig erschien, aber die falsche war. Zielsicher hatte ich die Westspur gewählt. Vor uns ein dicker Mercedes mit einem braunhäutigen Fahrer mit blauschwarzem Haar. Nummernschild Stuttgart. Gepäckstück um Gepäckstück wanderte von den Tiefen des Mercedes auf dem Asphalt. Meine hilflosen Versuche, in eine andere Spur zu kommen, winkte der Grenzbeamte verächtlich ab. So blieb ich hinter dem Mercedes.

Gerade hatte der braunhäutige Fahrer mit einer nebensächlichen Handbewegung zwei Schachteln Kent Zigaretten abgelegt.

Kent Zigaretten, so belehrten uns erfahrene Rumänienreisende, sind das wirksamste Bestechungsmittel. Kent Zigaretten muss man einfach mit haben. Auch wir hatten sie.

Der Zöllner steckte die Zigarettenschachteln ganz selbstverständlich ein, ließ sich noch gelangweilt zwei Gepäckstücke zeigen, dann war der Kontrollvorgang beendet.

„Gibst du ihm die Kent?", fragte meine Frau.

„Nein", sagte ich, „ich kann so etwas einfach nicht".

Aber als der Beamte mitbekommen hatte, dass wir, wie er sagte „nur ostdeutsch" seien, brauchten wir kein Begünstigungsmittel. Er haute die Stempel in unsere Pässe, winkte uns cilig durch, als erwarte er ergiebigere Gäste und überließ uns seinem Land.

Rumänien war schon speziell. Ein schönes Land, aber voller Probleme. Sie alle hießen Ceaucescu. Außer an Transparenten für Ceaucescu und entwurzelten Zigeunern, denen man die Sinti-Ehre entstaatlicht hatte, herrschte Mangel an allem.

Im Straßengraben vor den Tankstellen parkte Dacia hinter Dacia. Kilometerweit. Benzin gab es nur gegen Talons für Tarnsitreisende. Wir fuhren an all den wartenden Autos vorbei und tankten.

„Mein Gott, ist das peinlich", jammerte meine Frau.

„Wieso", antwortete ich, „ist doch ein tolles Gefühl, mal Westler zu sein."

„Papa!", ermahnte mich unser Sohn. Das Töchterchen griff zur Blockflöte. „Bitte jetzt nicht, wirklich das jetzt ganz und gar nicht", fuhr ich sie an.

Rumänien erwies sich als heißes Land. Vor allem wenn man irgendwo stand. Man musste nämlich die Fenster geschlossen halten, sonst hatte man sofort ungezählte bettelnde und nach allem fingernde Zigeunerkinderhände im Innenraum. Die bettelnden Kinder ließen unser Töchterchen erschrocken fragen: „Sind wir hier im NSW?"

Ich war irgendwie stolz, dass die Kleine sich das gemerkt hatte, wies sie aber darauf hin, dass es sich hier um den Sozialismus rumänischer Art handele.

„Du lügst, Papa", schimpfte das Töchterchen. Da kam mir eine Losung zur Hilfe. In Rumänien war gerade Wahlkampf. Wo es nur ging überspannten Transparente, die Ceaușescu vergöttlichten, die Straßen.

Ich hielt unter der Losung: „Ceaușescu das heißt Sozialismus", zog unsere Kleine auf den Vordersitz und ließ sie es lesen, Buchstabe um Buchstabe. Als sie wieder hinten saß, nahm sie ihre Blockflöte und spielte ihr Lied vom Stolz ein Thälmannpionier zu sein. Jetzt klang es trotzig.

Meine Frau sagte, dass das nun wirklich ein eindeutig negativer Erziehungsbeitrag gewesen sei.

Abends fuhren wir im Schritttempo durch ein Dorf, umkreisten die Hinterlassenschaft der zurückkehrenden Kühe, als der Hänger ausscheren wollte, schief stand. „Nein, nicht noch das", schrie ich und bremste scharf. Zu spät. Das rechte Hinterrad hatte den Geist aufgegeben. Total. Nun konnte nur noch die Schubkarrenbereifung retten. Blitzschnell versuchte ich im Geiste alle Montageschritte durchzugehen. Reifen montieren machte man ja nicht mehr selber. Schlauch hatte ich auch nur einen. So begann ich zwischen Kuhfladen mein Werk mit zittrigen Händen. Die Zigeuner[1] umstanden uns abwartend. Als sie plötzlich verschwanden, wurde mir der Grund für das plötzliche Entfernen klar. Zwei Uniformierte von der Gendarmerie kamen auf uns zu. Die Schlag-

---

[1] Das Wort „Zigeuner" ist hier nicht diskriminierend gemeint. Richtig muss es im deutschen Sprachgebrauch „Romas" oder „Sinti und Romas" heißen.

stöcke pendelten locker an den Handgelenken. Meine Frau, die Tüchtige, kam mit einem Lächeln und zwei Schachteln Kent. Da wurde die Landpolizei zum Freund und Helfer. So schnell hätte ich den Radwechsel, wenn überhaupt, nie hin bekommen.

„Auf einem Schubkarrenrad nach Honolulu, das soll uns erst jemand nachmachen", sagte ich stolz und beschleunigte auf lockere 50 Kaemha. Aber eigentlich machte ich mir viele Sorgen, die ganze Nacht hindurch.

„Wir müssen in die Stadt", legte ich beim Frühstück fest, „bestimmt bekommen wir ein geeignetes Rad."

Wir fragten uns bis zu einem Autoladen durch. Das Schaufenster war eigentlich leer. Ein einzelner Reifen stellte die ganze Auslage dar. Genau in unserer benötigten Größe. Der Verkäufer schrieb einen Preis auf. Er war erstaunlich gering. Dafür aber in Devisen zu entrichten. Ich schaute meine Frau an, sie schaute mich an. Dann langte sie recht ungeniert in ihr Dekolleté.

Der Verkäufer glättete das noch busenwarme Geld so hingebungsvoll, dass ich gar nicht zusehen konnte.

Auf diesem Reifen, der hart und so fest war, dass er auch einen Raumgleiter hätte tragen können, kamen wir gut an unser Ziel und nach einer herrlichen Woche am Schwarzen Meer auch gut wieder zurück.

Ach ja, mit der Reise nach Honolulu erlebten wir zwei Überraschungen. Die erste noch während unseres Aufenthaltes am Schwarzen Meer, die andere einige Jahre später.

Zur Urlaubsüberraschung: Unser Zeltplatz stieg in Terrassen von den Klippen auf. Wir wählten die obere neben einem mageren Bäumchen, hatten Sonne satt. Spätestens am dritten Tag wollten wir mal was anderes machen als Baden oder sich vor der Sonne verstecken. Unser klempnernder Priesterfreund, der sich die Druckspüler abholte, hatte einen total guten Tipp: „Geht doch tauchen."

„Tauchen, echt prima", jubelte Sohnemann. Er hatte quer durch Rumänien das Buch „Tauchen im Schwarzen Meer", so ein Hans Haas Imitat für Ostdeutsche, gelesen.

Wir müssten nur durch das Dorf durch, dann einen Feldweg zur Küste folgen. Hinter dem ersten Hügel könnten wir die Behausungen der Taucher sehen. Gleich dahinter sind prachtvolle Tauchgründe, Schnorchel geeignet. Sie gelten als Geheimtipp für Bulgariens Schwarzmeerküste. Wir sollten uns durch die Hütten nicht abschrecken lassen. Die wären aus Treibgut, Blech und Fischkisten, nur windschiefer Witterungsschutz. Die Siedlung hieße Honolulu, weil sie aussehen soll wie Slums um Hawaiis Hauptstadt herum.

„Wirklich Honolulu?" fragte ich.

„Ja Honolulu", bestätigte er und beobachtete verwundert wie wir uns umarmten, einen Kreis bildeten und begeistert hüpfend skandierten: Honolulu, Honolulu, Honolulu.

„Kann es sein", fragte er in seinem spärlichen Deutsch, „dass ihr gerade etwas dumm seid?"

Aber wie sollte er auch wissen, dass etwas wahr geworden war, das es nicht gab.

Die spätere Überraschung erlebten wir Jahre danach, als wir selber nach Mallorca, Tunesien, Teneriffa reisen konnten. Wenn wir da an Vierertischen im innerdeutschen Dialog von unseren Reisen in die ehemaligen Ostblockstaaten berichteten, bekamen die anderen blanke Neidaugen. Das wären ja echte Abenteuer gewesen, Pfadfindergeist, das Ausleben von Jugendträumen.

„Da hätten wir bei etwas Selbstbewusstsein die Reise nach Honolulu gar nicht starten brauchen", sagte meine Frau.

Wir lächelten beide und das sagte, dass wir dazu standen, wie eben zu gelebtem Leben.

Warum ich Fußball nicht mag

Was ich am Fußball nicht mag ist, dass Fußball an sich ein langweiliges Spiel ist. Man muss schon parteiisch sein. Sonst erlebt man ein fades Gerenne, um das Runde in das Eckige zu kriegen, was obendrein viel zu selten passiert. Und ästhetisch schön ist Fußball auch nicht, wie etwa Turnen, Eiskunstlauf oder Turmspringen. Was ich beim Fußball auch nicht mag, sind die fehlenden Wiederholungen der Schlüsselszenen. Da quält man sich durch die 90 Minuten am Spielfeldrand und sieht nur einmal nicht hin, putzt sich gerade die Nase, oder schaut zur Blonden hinter einem, just dann fällt das einzige Tor und das hat man natürlich verpasst. Die wiederholen nichts, kein bisschen, ganz anders als bei den Fernsehübertragungen. Da kann man ruhig mal weggucken. Das Wichtigste zeigen sie sowie noch paarmal, spätestens, wenn die Sachkundler, eine Spezies, die ich auch nicht mag, das Spiel analysieren.

Und dann diese Glücksklumpen von Männerleibern, das Kniegerutsche über den Rasen, als meine der Torschütze, er müsse zum Skifahrer mutieren, muss man das mögen?

Also gehe ich nicht in Stadien, nicht auf Fußballplätze. Allerdings wohnen wir in Sicht- und vor allem in Hörweite des hiesigen Sportplatzes. Fußball müsste eigentlich Maulball heißen. Aus der Entfernung wird ein Fußballspiel zu einem unterschiedlich lautem Inferno aus Gebrüll, so laut, dass der Schall während der Kaffeetafel im Garten in den Tassen Wellen schlägt. Das stört die sanfte Stille unserer Wochenendidylle.

Neulich habe ich mich mal überwunden und vom Garten aus zugesehen. Das Lokalderby lief. Gegen diese Pappnasen aus der Nachbarstadt haben wir schon damals, als ich noch selber spielte, immer verdammt alt ausgesehen. Jetzt müsste nach dem Tabellenstand unsere Mannschaft gewinnen, wenn Fußballergebnisse sich errechnen ließen. Tun sie aber nicht.

Vom Garten aus versperren Büsche einige Spielfeldbereiche und es ist so weit entfernt, dass die Trikotbeschriftung für mich nicht mehr lesbar ist. Aber die Mannschaften kann ich schon auseinander halten. Unsere spielen traditionell Rot-Weiß. Aber die ganz in Weiß sind besser. Sind aktiver, spielen gut miteinander, sind cleverer. „Ei, jei, jei" – das wird eng. Ich trapple Ungeduld in den Gartenboden. Ein Pfiff, Gebrüll. Elfmeter für Rot-Weiß. Ich reiße begeistert die Arme hoch. Umsonst. Glanzparade des Keepers. Ich rege mich so auf, dass ich nach dem Spiel bestimmt Beruhigungstabletten brauche. Dann eine Unachtsamkeit der Rot-Weißen. Tor.

Ich könnte heulen. Unsere Rot-Weißen bäumen sich auf. Inzwischen brülle ich Anfeuerungsrufe. Rot-Weiß vor, macht das Tor. Wahrscheinlich hören sie es auf dem Sportplatz nicht, aber ich kann nicht anders, ich muss einfach. Vorwärts Jungs, macht endlich Euer Tor. Unentschieden ist besser als zu verlieren. Aber dann pfeift er ab, diese Schiedsrichterpfeife, der ein klares Tor wegen Abseits nicht gegeben hat. Aus, verloren, vorbei. Ich ärgere mich das ganze Wochenende. Immer gewinnen diese überlegenen, siegesgewissen Pappnasen. Immer und immer!

Am Montag lese ich den Regionalsport. Und was lese ich da. Unsere waren die Weißen. Wir haben knapp, aber glücklich gewonnen. Ich finde das unfair, total unfair. Einfach so die Trikotfarbe zu wechseln. Da versaut man sich das ganze Wochenende umsonst. Vielleicht verstehen Sie meinen Ärger, der sich auch gegen mich selber richtet. Ja, auch darum mag ich Fußball wirklich nicht. Und, dass gerade heute ein wichtiges Fußballspiel sein muss. Nein, wirklich, ich mag Fußball nicht.

Und dann sind wir schon immer vor den Meisterschaften Welt- oder Europameister, werden es aber nicht. Kaum hat man sich damit abgefunden, dann werden wir es tatsächlich. Immer diese Verunsicherungen. Ach, ich weiß es nicht: vielleicht mag ich Fußball doch?

SPÄTE RECHTFERTIGUNG

In dieser Geschichte kommen Politik, Geologie und Ideologie vor. Das ist ein breites Feld für eine Kurzgeschichte. Wir haben sie einem Politiker zu verdanken. Wem auch sonst bei dieser Verquickung. Er war einmal der mächtigste Mann eines Staates, den es nicht mehr gibt. Als er noch lebte, kursierten viele Witze über ihn und seinen Charakterbart. Aber nur hinter vorgehaltener Hand, im Kreise derer, denen man meinte, vertrauen zu können. Öffentlich ließ man besser den Ziegenbartwitzen keinen freien Lauf. Die Wahrscheinlichkeit, dadurch den eigenen freien Lauf zu verlieren, war hoch. Der Machtapparat baute auf Misstrauen. Witze mochte er nicht und viele mochten ihn nicht.

Aber Ansichten ändern sich. Mit dem Ableben werden alle Menschen bessere Menschen.

Selbst er. Besonders weil er einem leid tat. Erst hatte ihn der eigene Ziehsohn entmachtet, dann musste er, klinisch gestorben, öffentlich eine Woche weiter leben, um keinen Schatten auf die Weltfestspiele der sozialistischen Jugend, mit der sich die neue Führung aufwendig feierte, zu werfen. Entmachtet und nicht einmal tot sein dürfen. Da kann man doch froh sein, kein Politiker zu sein. Aber das nur nebenbei.

Erzählen will ich eine ganz andere Geschichte.

Nämlich die vom Erdölkongress. Auf Usedom glaube ich war der, und der Allerhöchste hatte sein Kommen angekündigt. Die Chefs sahen der Tagung mit Schrecken entgegen. Hatten sie doch, als am Grimmer Wall eine geologischen Struktur tief unter der eher ebenen Gegend um Grimmen herum mit erdölträchtigen Schichten erkundet wurden, dem großen Staatenlenker sprudelnden Erdölwohlstand versprochen. Man sagte dem Spitzbart neben seinem Sprachduktus im ausgeprägten sächsisch-leipziger Tonfall eine weitere Eigenheit zu, ein nichts vergessendes Elefantengedächtnis. Verdammt, aber statt des sprudelnden schwarzen Goldes förderten am Grimmer Wall die Pferdekopfpumpen ächzend nur tröpfchenweise Öl. Das reichte nicht für den Wohlstand, für eine saftige Degradierung aber schon. Doch es kam anders. Vielleicht schien ja die Sonne und Lotte war zu ihm nett gewesen. Wie auch immer. Walter erwies sich als gnädig und sprach, staatsmännisch das Große im Blick, vor der elitären Runde über seine Sicht auf die Erdölerkundung. Er brachte das, wie es Politikern nun einmal gegeben ist, auf eine prägnante Formel: Erdöl zu finden, ist keine geologische sondern eine ideologische Frage.

Erleichtert nahmen die Chefs diese Grundsatzaussage an, gaben den Slogan an uns weiter. Wir haben über dieses Zitat herzhaft gelacht, haben es verspottet und parodiert. Aber nur hinter vorgehaltener Hand, wie schon berichtet. Irgendwie war die Ansage des Höchsten, dass man, selbst wenn die geologischen Kenntnisse nicht mehr erweiterbar sind, mit verbessertem ideologischem Rüstzeug immer weiter erkunden muss, so etwas wie eine Arbeitsplatzgarantie. Selbst unsere sowjetischen Schwestern und Brüder, die ihre Sucherfolge im weiten Sowjetrussland auf uns übertragen sollten, waren bei uns auch nicht erfolgreich. Nicht einmal Njadeschda, eine kräftige Riesenfrau und sogar als Mitglied der KPdSU eine Auserwählte, fand nichts. Egal, die im sächsischen Singsang dahingesäuselte Formel, dass Erdöl finden eine ideologische Frage sei, blieb bestimmend. Und ohne wirklichen Erfolg.

Heute bewerben sich die Erdölförderriesen aus Kanada, Frankreich und Co. um Förderkonzessionen in unseren damaligen Erkundungsschwerpunkten. Dort wollen sie genug Erdöl aus den tiefen Erdschichten pressen, dass es sich marktwirtschaftlich lohnt. Sie folgen der Ideologie des Marktes. Alles ist erlaubt, wenn es nur Gewinn bringt.

Manchmal stelle ich mir vor, dass die Seelen der machtgeprägten Kommunisten vom Mars aus, dem roten Planeten, die Entwicklungen des Lebens nach ihnen beobachten. Wie mögen sie es kommentieren.

Wird das Walterchen eine späte Rechtfertigung darin sehen, dass man in seinem Territorium nun doch Erdöl gefunden hat. Mit dieser anderen Ideologie. Oder wird er es auch als kritisch ansehen, für den Erfolg nachhaltige Risiken in Kauf zu nehmen? Aber bestimmt beobachten sie das Heute gar nicht. Eher übertreffen sich die Ansammlungen der roten Seelen auf dem roten Planeten an Linientreue. So wie in einer Anhäufung emeritierter Professoren alle zu Fach-Einsteins mutieren.

Ob die Walter – Seele immer noch sächselt? Ich glaube das, glaube aber nicht, dass sie nach Rechtfertigungen sucht. Auch sie wird sich die Vergangenheit schön gedacht haben, wird nicht akzeptieren, dass auch sie es einfach vermasselt hat und wird es immer noch nicht wissen, wie es besser zu machen wäre.

Reset

Wir haben kürzlich einen Computer gekauft. Er hat 125 PS, einen Motor, vier Räder und ist amtlicherseits als Personenkraftwagen für den öffentlichen Straßenverkehr zugelassen. Kürzer gesagt: Es ist ein Auto. Mir scheint diese Einstufung zu tief gegriffen. Sie mag für die Mobile von Benz, Horch, Ford und anderen zutreffen, die man noch mittels eines Schlüssels schraubend zum Weiterfahren bewegen konnte. Davon ist nichts geblieben. Dafür ist alles geheimnisvoll. Funktioniert wie von Geisterhand.

Nun ja. Fahren muss man noch selber, wenigstens das Wesentliche dabei bleibt. Fast alles andere nehmen uns die elektronischen Assistenten dienstfertig ab. Die Blenden auf und ab, setzen den Scheibenwischer in Betrieb, noch bevor man die Andeutung eines Regentropfens auf der Windschutzscheibe bemerkt hat. Sie fahren im Stau schon los, da schimpfen wir noch über den Trottel im Auto vor uns. Sie weisen aufgeregt piepend auf Dinge hin, die im Wege sind, und seien es nur ein paar dickere Grashalme. Und gegebenenfalls sorgen sie auch für den richtigen Abstand zum Vorderfahrzeug. Aber nur wenn man vorher die richtigen zwei Sensorflächen touchiert hat. Das klappt so herrlich, da braucht man vor den Fotomachern, oben auf der Brücke, keine Angst mehr zu haben.

Nun, nach drei Wochen, finde ich unseren fahrbaren Computer recht gebrauchsfreudig. Er fährt sich gut. Er gebiert täglich neue freundliche Überraschungen. Nach wie vor kenne ich seine Möglichkeiten nur unvollständig. Wie das alles funktioniert, begreife ich nicht. Vollständig nicht.

Es ist das Besondere unserer Zeit, dass wir ständig mit Techniken umgehen, die wir zwar bedienen, aber nichts von ihnen verstehen, nicht wissen, wie sie aufgebaut sind, was und wie es funktioniert, von Reparatureingriffen ganz zu schweigen. Wir sind ihnen ausgeliefert, sind quasi eine fremdbestimmte, technikabhängige Spezies geworden, sind ohne Strom oder Batterie hilflos wie ein Mäusebaby, dessen Mutter dem lockenden Speck zum Opfer gefallen ist.

Nun ja. Da frage ich doch meine Frau, wohin sie denn wolle als erste Fahrt mit dem neuen Automobil. Sie sagt: „Serengetipark". Daran hat sie einen Affen gefressen. Immer will sie dorthin. Schon sind wir unterwegs, flott. Ich verweise auf jede Assistenzfunktion. Noch habe ich nicht mit allen so angeben können als wären es meine Erfindungen, da sind wir schon im Park der wilden Tiere. Toll, da laufen die Nandus ganz ungeniert und nicht versteckt wie auf den nordwestmecklenburgischen Äckern. Rechts vom Weg ruhen an Steinattrappen die Löwen, entspannen sich vom Mittagsimbiss, den sie nicht einmal jagen mussten. Dann vor mir auf der Fahrspur zwei Kamele. Gemächlich. Ha, denke ich begeistert. Total gute Gelegenheit, meiner Frau die Distanzkontrolle zu zeigen. Tatsächlich taste ich die beiden richtigen Sensorflächen an. Das Symbol für Abstandshaltung erscheint.

„Jetzt", verkünde ich meiner Frau stolz, „erlebst du, wie das Automobil sich selbstorientierend auf die Geschwindigkeit des Objektes vor ihm auf der Fahrspur einstellt."

Ich starre auf das Display. Warum zeigt es nicht „Objekt erkannt" an? Da schreit meine aktive Beifahrerin auf. Zeitgleich erscheint auf dem Display die Schrift: Kamel!

Brems gefälligst selber!

Ich reagiere abrupt. Die Bremsen scheinen das Automobil auf den Boden zu drücken. Ich klebe förmlich am Lenkrad und schaue zu meiner Frau, deren Kopf Kontakt zur Frontscheibe aufgenommen hat. Ihr kritischer Blick beruhigt mich einigermaßen. Ihre verhaltene Kritik ebenfalls. „Ja", sagt sie, „merkst du nichts?"

Da merke ich es auch. Das Auto ist wie tot. Nichts arbeitet. Der Motor nicht, das Licht nicht, die Türen lassen sich nicht öffnen. Aus, vorbei. Kein Fahrspaß mehr, kein Spaß sonst. Nur totgestorbene Technik.

Das Smartphone meiner Frau äppelt einen Kontakt zur Serengeti-Zentrale. Hilfe käme, lautet die Antwort, nur aussteigen dürften wir nicht. Das, gerade, ginge ja sowieso nicht, sagt meine Frau.

„Alles wird gut", trösten uns die vom Park.

Wir warten. Radio geht nicht. Gespräche auch nicht. Wir wollen und können einander nichts vorwerfen, was den Dialog sehr einengt.

Auf der Motorhaube hat sich ein merkwürdiger Vogel nieder gelassen. Ganz aufgeregt klingt sein zweisilbiger Ruf. Er erinnert mich an etwas. Woran nur?

Das Abendrot beginnt sich zu entwickeln. Wir warten immer noch. Ein Löwe kommt. Beschnüffelt unser Auto und markiert es artspezifisch. „Viehkerl", schimpft meine Frau. Den Löwen stört es nicht. Mich auch nicht. Es zeigt mir deutlich, wie tief die Gattung Löwe in der Evolution unter uns steht. Weiß nicht einmal mit Computern umzugehen!

Erst als das Abendrot seine Leuchtkraft an die Dunkelheit verliert, kommt der Autoschlosser, der sich heutzutage Mechatroniker nennt. Er fummelt irgendwo. Dazu muss er sich bücken und stöhnen, was trinkgeldfördernd ist.

Plötzlich geht alles wieder. „Reset", sagt er, als der elektrische Fensterheber den Kontakt zur Außenwelt wieder ermöglicht hat, „Ne' Reset-Taste hat jeder vernünftige Computer." Er zeigt uns die versteckte Stelle im Innenraum des Automobils.

„Reset", sagt meine Frau und schlägt sich mit der flachen Hand an die Stirn. Reset, genau das habe uns der seltsame Vogel sagen wollen.

Das Erlebnis Serengeti-Park war nur ein Traum. Aber warum nur haben wir Jetzigen solche irren Träume?

ICH ALS WUTBÜRGER

Ich bin ärgerlich, mehr als ärgerlich, eher nachhaltig wütend. Mir geht es um die Gleichheit. Denn Gleichheit ist eine wesentliche Stütze des Abendlandes, ist unabdingbar, so meine ich. Nun werden Sie sagen, dass wir doch schon so viel erreicht haben und die altbekannten Beispiele bemühen. Mädchen sind wie Jungs, spielen Fußball, tragen Gewehre. Die Jungens häkeln und können das ordentliche Beschicken und Ausräumen des Geschirrspülers schon lange sehr gut. Frauen sind die besseren Männer, wollen nicht mehr erobert sein, wollen selber erobern, regieren Länder. Gewisse Rückstände im katholischen Machtumfeld werden sie sicher unerwähnt lassen. Gar nicht wenige der Frauen wenden inzwischen das Macho-Gehabe mit veränderten Vorzeichen an, sind zu ganz schlimmen Frauchos mutiert. Wobei es das Wort Fraucho bisher nicht gibt, aber es gehört in Zeiten der Gleichheit erfunden. Der aktuelle Mann trägt nicht nur föhngewelltes Haar, er trägt auch das Baby im Wickeltuch vor der Brust. Noch trägt er es nicht aus, stillt es auch nicht, aber wir sind lernfähig und willens.

Ach, das will ich alles gar nicht hören. Das machen die ja nur um uns einzulullen. Aber ich bin nicht Einlullbar. Ich bin ein Wutbürger, denn ich habe das Recht Wutbürger zu sein. Oder habe ich gar als Demokrat nicht die verdammte Pflicht Wutbürger zu sein?

Ich ärgere mich über Vieles, aber besonders ärgert mich die Ungleichheit der im Alphabet genutzten Buchstaben. Gehen Sie mal in eine Buchhandlung, in der in abendländischer Ordentlichkeit die Titel nach Anfangsbuchstaben der Autoren geordnet sind. Wahrscheinlich werden Sie diese alten Kulturräume kaum noch finden, heute bieten die Einkaufsstätten, die sich Buchhandlung nennen, kaum noch Bücher an, dafür haben sie allen „Schnulli", der einen suggeriert, dass man es brauche, was selten stimmt. Aber wenn sie doch noch Bücher haben, dann werden Sie merken, dass die Buchstabenabstände total unterschiedlich ausfallen. Von wegen Gleichheit. Ich habe das genau analysiert, denn ich will mir ja nicht nachsagen lassen, dass ich nicht ausreichend Gründe habe, wütend zu sein.

Also, ich habe mir die Gleichheit der Verteilung der Anfangsbuchstaben im modernen Duden vorgenommen. Er enthält rund 130.000 Stichwörter und hat für die Seiten der Wörter gleichen Anfangsbuchstabens, dem ABC folgend, eine Farbmarkierung an der Seitenkante eingedruckt. Und da sieht man die Ungerechtigkeit. Die Markierungen für die Buchstaben sind von total verschiedener Breite. So bringt es bei meinem Duden das S als dickstes Ding auf 6,8 mm für 122 Seiten, Q aber nicht einmal auf 1 mm für seine mäßigen drei Seiten und X Y Z steht man gar nicht erst ein Eigenleben zu. Wo bleibt da das Grundprinzip der Gleichheit. Die Regierung kennt das Problem, aber die tun nichts, tun gar nichts, nur die Aufwandsentschädigungen einstecken, ja das können sie.

Brauchen wir überhaupt alle Buchstaben? Nein, sage ich. Was soll das Y, geht da nicht auch das so einfach zu schreibende I. Oder das Q? Lasst uns Quark nicht mehr mit Q schreiben sondern mit KW, so wie wir es eh aussprechen. Es sollten nur die Buchstaben bleiben, mit denen ad hoc einem ein vollständiger Satz mit Wörtern dieses Anfangsbuchstabens einfällt: Abendländer Adolf ackerte absolut achtlos, oder: Süße Sauen suhlen sich stabil sauber.

Mein letzter Satz zeigt einen Weg zur Gleichheit auf. Das S ist so dick, ist 122 Seiten stark, weil es gleich drei Klänge vereint, S, wie Süd – Sch wie, ach lassen wir das und St wie Stein, oder Stein im klassischen Hanseatisch. Das müsste doch zu entkrampfen sein. Es bedürfte nur einer Rechtschreibereform und basta, damit kennen wir uns doch aus.

Und warum muss beim P, wie: Paul programmierte pfeilschnell phantastische Programme, das Pf sein. Wird ja eh wie F gesprochen und kein Schwein weiß ob nun das Wort mit F oder Pf anfängt. Es sei denn er beherrscht das Niederdeutsche. Alles was da als P gesprochen wird schreibt sich mit Pf. Der Plattdeutsche sagt Pahl und schreibt es Pfahl, er sagt aber nicht Peile, wenn er eine Feile meint. Und sollten wir nicht über T und D nachdenken? Die klugen Sachsen haben das schon lange begriffen, haben das T zum D werden und das so sehr verinnerlicht, dass sie es saublöd von denen da oben finden, den Vallen**d**ienstag einfach so mir nicht dir nicht auf einen Donnerstag legen. Aber müssen wir uns über weitere Lösungen einen Kopf machen? Dazu hat man doch eine Regierung. Aber die machen ja nichts, machen gar nichts und wenn doch, dann zielt es in die falsche Richtung. Da lassen die da oben es zu, dass Professoren, gut bezahlte Staatssöldner, die sich Sprachwissenschaftler nennen, jedes Jahr ein Unwort benennen. Aktuell ist es die Lügen-Presse. Damit schädigen sie ausgerechnet das L, das auch nicht gut dasteht mit nur 2 mm und 35 Seiten, auch wenn man ad hoc noch leicht einen Satz zusammen bekommt: Läuse laufen linksrum langsamer. Apropos Läuse. Auch so eine Ungleichheit. Ja, muss ich, mit meinem nach Null tendierendem Kopfhaarbewuchs, wirklich erst eine Perücke tragen, damit ich mir auch um den Läusebefall Sorgen machen kann. Aber nichts da, die Regierung lässt uns mit unseren Sorgen allein, erklärt uns ungefragt, wie gut alles sei, so ganz im Sinne der Bürger würden sie alles regeln, diese stromlosen Relais. Da kann es doch einem wortwörtlich hoch kommen. Ich frage Sie, müssen wir uns das gefallen lassen? Nein, nicht hier, nicht heute, in diesem Land unseres Geistes. Ich glimme förmlich vor gebremster Wut. Jetzt muss die Wut raus, den Buchstaben zur Liebe. Ich bin ein Wutbürger.

Als **F**reunde **D**er **B**uchstaben-**G**leichheit **I**m **A**bendland, kurz FDBGIA, haben wir uns zusammengeschlossen. Die Sorge treibt uns um. Mit uns können auch Sie all ihre zu ertragenden Ungerechtigkeiten öffentlich machen. Sie wollen doch auch nicht die Scampi-Cremesuppe mit einem Silberlöffel essen, wenn andere goldene benutzen. Zusammen sind wir stark. Denen da oben, den werden wir es schon zeigen.

Demo ist übermorgen, 18:30 Uhr vor der Staatskanzlei. Wörterbücher bitte mitbringen. Fahrtkosten können noch nicht erstattet werden.

Parken

Zugegeben. Ich bin ein Landei. Zum Parken brauche ich Platz. Am besten viel Platz. Parallel zum Straßenverlauf geht nur bei XXL-Lücken, und selbst da vermeide ich es lieber. Übungssache, sagen die Städter und üben es tagtäglich neu. Ich beneide sie nicht darum. Überhaupt habe ich mit dem Parken so meine Probleme. Die Gebühren sind oft gruselig hoch. Und dann soll man noch wissen, wie lange man braucht, für das was einen zum Parken nötigt.

Anderen geht es wahrscheinlich ähnlich. Ein Bekannter fuhr mit mir meilenweit, um kostenfrei und ohne Zeitbeschränkung zu parken. Richtig stolz war er auf seinen Geheimtipp. Wir liefen fast eine Stunde zu unserem Ziel. Das Wetter war mies. Schräger Regen, gottlob von hinten. Er erzählte den ganzen Weg wie toll er die kostenlose Parkmöglichkeit fände. Dass er die Parkgebühr fast verfahren hatte, verschwieg er. Auch den Zeitverlust, die abgelaufenen Schuhsohlen, die verspannten Waden erwähnte er nicht. Wohl aber, dass ein guter Bierdurst entstanden sei, dem man getrost bei dem langen Rückweg maßvoll genießen könne.

Mein gestörtes Verhältnis zu Brillen

Was ich wirklich nicht mag, das sind Brillen und altkluge Ratschläge. Ratschläge, die kommen, wenn man sich sowieso schon reichlich dumm vorkommt. Altkluge Ratschläge zum Umgang mit Brillen, wie es mir in einer Filiale der Optikerkette widerfuhr, wo man zwar nichts zu, aber dennoch genug bezahlt, sind die absolute Steigerung von Qual, sind geistige Folter.

„Für die Brille gibt es nur zwei Orte: die Nase und das Etui", belehrte mich die junge, total zu geschminkte Bedienfrau, als ich ihr meine Lesebrille zur Instandsetzung übergab. Zugegeben, die Brille ließ auf den ersten Blick deutlich schlechte Pflege erkennen. Ein Brillenglas fiel laufend heraus, und beide Gläser waren nicht klinisch rein, dafür aber stark zerkratzt.

Wohlweislich hatte ich dem jungen Ding, deren Brille nach Fensterglas aussah, manches meiner Brillenerlebnisse vorenthalten. Zum Beispiel die Sache mit dem Eintopf. Als ich ausgebrannt und total hungrig von der Baustelle kam, mir im Baubüro auf die Schnelle eine Dose Erbsensuppe von einem Großdiscounter wärmte und beim hastigen Löffeln versuchte, eine mir wichtig erscheinende Post zu lesen, glaubte ich zu schielen. Die Buchstaben waren undeutlich und irgendwie doppelt. Da klirrte mein Löffel in der dicken Erbsensuppe, als sei er an Glas gestoßen. Mein Fluch auf die erwartete unzuverlässige Qualität von Billigprodukten, ließ meine Kollegin aufsehen, gerade rechtzeitig um zu verfolgen, wie ich das rechte Brillenglas mit dem Löffel aus der Suppe fischte, es widerwillig betrachtete, ableckte, wieder in die Fassung drückte und die Post, die sich dann als enttäuschend erwies, weiterlas. „Sie nun wieder", war ihr Kommentar und das war auch nicht viel besser als Nase oder Etui.

Eigentlich habe ich nichts gegen Brillen. Gegen die, die andere tragen. Aber die Eigene?

Irgendwie meinte ich Luxaugen zu haben. Ich konnte Schriften lesen, wenn Andere kaum ein Schild ausmachten. Manchmal glaubte ich gar, dass ich das zweite Gesicht hätte. Aber dann kam dieser gemütliche Adventsnachmittag. Kerzen, Tee, Gebäck und smartes Licht über ausgebreiteter Gemütlichkeit. Dazu passten die Näharbeiten meiner Frau. Ich sah zu, wie ihre Hände, die versuchten den Faden des Nähgarns durch das Nadelöhr zu fädeln, sich immer weiter vom Körper entfernten, bis sie in totaler Überstreckung scheiterten. Es sah so stimmig aus, dass es schon parodistisch wirkte. Ich lachte, und meine Frau fand das von mir nicht nett. Lieber, so schimpfte sie, solle ich ihr helfen, als über sie zu lachen. So übernahm ich das Einfädeln. Auch meine Hände wanderten und wanderten, scheiterten in der totalen Übersteckung. Da wusste ich, dass sich meine Lebenskurve neigte, dass ich bald eine Brille brauchen würde.

Was ich nicht wusste, nicht ahnte, mir nicht im Geringsten vorstellen konnte, ist die Sucht von Brillen, von ihrem Besitzer die weiteste Entfernung anzunehmen.

„Für eine Brille gibt es nur zwei Orte, die Nase und das Etui." Von wegen! Brillen kennen diesen Satz nicht.

Ob die junge zu geschminkte Bedienfrau schon mal das Etui gesucht hat? Ob sie überhaupt weiß, dass auch dieses verschwindet? Wohin auch immer.

Wie nur bekommen andere es hin, dass die Brille da ist, wo man sie braucht? Sind es bessere Menschen oder zumindest besser Organisierte?

Ich habe mir sogar ein Brillenhalsband gegönnt. Bei stark bebusten Damen mögen die baumelnden Sehgläser vielleicht noch zu Phantasien über Bewegungszwänge führen, andere Menschen lässt das Brillengehänge fünf Jahr älter auszusehen. Mindestens.

Und dieses blöde Brillenband, erworben, wo man nicht zu, aber dennoch genug bezahlt, lässt mich auf unserem Steg stehen und verzweifeln. Ich verfestige dort den Seeboden, streue, wenn ich es mal habe, aus Plastesäcken ausgesiebte Steine in weiten Bogen ins Wasser. Das geht nur mit Kraft und Schwung.

Natürlich hing meine Brille an mir. Mitten im Schwung signalisiert mir mein Arm ein Hemmnis. Da hatte ich gerade einen so schönen Rhythmus gefunden und achtete nicht darauf, sah etwas in eleganter Ellipse durch mein äußeres Blickfeld fliegen. Ein verirrter Stein, dachte ich mir. Aber das leere Brillenband belehrte mich eines Besseren. Schon wieder zeigte sich eine Brille abgängig. Meine Neueste, Beste. Schade ums Geld, aber noch schlimmer, wenn dann wieder der Spruch kommt von den zwei Orten der Brille. Ich glaube dann raste ich aus, hechte über den Beratungstisch, reiße der Zugeschminkten die Brille von der Nase und schmeiße sie in die nächste Gummibaumdekoration. Oder sonst wohin.

Außer Brillen und altklugen Ratschlägen mag ich auch nicht, Aufregungen zu verursachen. So stehe ich auf dem Steg, habe ein Magnet an eine Schnur gebunden und ziehe diesen am Seeboden durch das eiskalte Wasser. Wieder und wieder. Immer erfolglos. Erst als ich durch einen Test an einem älteren Brillengestell feststelle, dass Brillengestelle nicht magnetisch sind, gebe ich auf, sehe mich über den Tisch hechten, spüre die Aufregung, den Ärger. Blöde Brillen, blöde Etuis.

Die Abendsonne steht schon schräg. Das Licht ist eigentlich so, dass man nicht mehr gut sieht. Etwas Helles blinkt im Schilf, als ob da eine Linse wäre, die das müde Tageslicht zu einem hellen Fleck sammelt. Meine Brille! Sie hat das Wasser, in dem ich lange nach ihr fische, nie erreicht, hat sich im Schilf verfangen.

Meine Frau sagt: Das Verschwinden und Wiederauftauchen von Brillen bleibt ein Leben lang spannend und wird Jahr auf Jahr spannender. Da hab ich ja noch einiges zu erwarten, wo mein Verhältnis zu Brillen jetzt schon gestört ist.

Risiken und Nebenwirkungen

Seit einiger Zeit werde ich nicht mehr zu Gesellschaften eingeladen. Man sagt, ich würde stören. Einerseits kränkt es mich, andererseits aber auch nicht.

Es begann vor zwei Monaten. Da besuchte ich meinen Hausarzt. Ich habe ihn ausgesucht, weil er mindestens alle Beschwerden, die ich habe, auch hat. Nur viel ausgeprägter, früher als in meinem Alter, und auch die daraus resultierenden Krankheitsbilder hat er noch dazu. Dass er trotzdem noch lebt, macht mir immer Hoffnung. Damals waren sowohl mein Alkoholkonsum als auch mein Blutdruck ziemlich hoch. Der Arzt verschrieb mir die Tabletten, die er auch nimmt und die ihm zufriedenstellende Senkungen beschert hätten.

Also löste ich das Rezept in der Löwenapotheke ein und nahm artig die Tabletten. Ich glaube, sie wirkten. Jedenfalls wurde mir beim plötzlichen Aufrichten nach dem Zubinden der Schürsenkel schwindlig, und ich hatte öfter mal kalte Hände. Das ist beides nicht schlimm, man gewöhnt sich daran. Besonders wenn man sich an die Wertetabelle erinnert, die der Hausarzt vorgelegt hatte, mit den Prozentsätzen der Lebensverlängerung, die mit den prozentual abgesenktem Blutdruckwerten einhergehen.

So saß ich ganz ruhig an einem trüben Nachmittag alleine im Wohnzimmer, hatte kein Radio, kein Fernsehen an und las ein Bildungsbuch. Ich fand es gelobter als gut. Jedenfalls nicht so gut, dass mir die Gedanken nicht davonglitten. In meinen Ohren rauschte es mit einem leichten hohen Klirren. Komisch dachte ich. Ist das neu? Ich wusste nicht mehr, wie sich Stille anhört. Signalisieren die Ohren bei Stille nichts, rein gar nichts?

Mir waren die Ohrgeräusche unheimlich. Hörte ich das Blut rauschen? Mein Verdacht fiel auf das Medikament, das ich artig jeden Morgen einnahm. Jede noch so kleine Pille hat ja Risiken und Nebenwirkungen.

Ich bin ein unfroher und damit misstrauischer Tablettenschlucker. So lese ich die Beipackzettel sehr kritisch. Meistens kränkt es mich, dass bei mir die vielen Risiken und Nebenwirkungen nicht eintreten. Da zweifelt man ja an der eigenen Sensibilität. Bei dem neuen Medikament stand tatsächlich in der Abteilung einer von hundert: Ohrgeräusche.

Mit dieser Erkenntnis suchte ich meinen Hausarzt auf. Ohrgeräusche, die habe er auch, sagte er und prustete los: da ist es wenigstens nicht so still und besser als schrill pfeifender Tinnitus, was er in Ansätzen durchlitten habe, sei es allemal. Da die Blutdruckwerte gut seien, wolle er keine Änderung vornehmen, aber wir sollten alles unter Beobachtung halten. Während ich auf dem Patientenstuhl vor seinem Schreibtisch saß, hatte ich den Eindruck, er würde öfter als sonst und irgendwie erstaunt zu seinem Smartphone schauen, das gleich neben der Schreibunterlage lag. Als Telefonmuffel würde ich das nicht so dicht bei mir ablegen, aber so ein Arzt, da wird es anders sein, der hat ja auch noch Patienten, hat Kinder, Frau, Mutter, Schwiegermutter, und alle können ja ganz plötzlich und unaufschiebbar den Arzt, Vater, Mann, Sohn, Schwiegersohn brauchen.

Zwei Tage später lud mich ein Arbeitskollege ein. Runder Geburtstag, ziemlich volles Haus. Ich hatte noch gar nicht richtig guten Tag gesagt, geschweige dem Jubilar gratuliert, da begannen alle, wirklich fast alle, an ihren Mobiltelefonen und Smartphones zu manipulieren. Sie hatten Störungen auf dem Display, hatten keinen Empfang. Die allerliebsten Spielzeuge, diese genialen Begleiter der Selbstunterhaltung, verweigerten den Dienst. Nur zwei ältere Kollegen, die noch drei Jahre alte, museale Nokia-Handys trugen, hatten keine Probleme. Es gab bei der Geburtstagsgesellschaft nur noch ein Thema. Warum diese Störungen? Hat die Wohnung so ein schlechtes Karma? Es sei nicht zumutbar und was einem alles entgehen könne. Kein Internet! Schrecklich! Ich als Telefonmuffel und bekennender Nichthandybesitzer fand das so ätzend, dass ich mich bald verabschiedete.

Am nächsten Tag sagte mein Kollege und Gastgeber von gestern, den ich kurz an seinem Arbeitsplatz aufsuchte, dass es seltsam gewesen sei, diese Störungen der elektronischen Kommunikation. Sie wären mit mir gekommen und wären weg gewesen, als ich gegangen sei.

Er schaute auf sein bereitliegendes Smartphone. Mensch, sagt er, jetzt sind die Störungen wieder da. Ich ging raus, ging wieder rein, raus rein. Im Wechsel wie ich wechselte, wechselte auch Empfang mit Störungen. Gemeinsam habe ich es mit meinem peniblen Arbeitskollegen durchgetestet. Es steht fest, ich bin der Störfaktor, löse, wahrscheinlich seit ich die Ohrgeräusche habe, in neueren Mobiltelephonen und Smartphones, die sich im Abstand von weniger als drei Metern von mir entfernt befinden, starke Störungen bis hin zum Totalversagen der Geräte aus, egal ob WLAN oder sonst so was.

Es hat sich schnell rumgesprochen. Ich werde zu keinen Gesellschaften mehr eingeladen. Meine Gegenwart stört die elektronische Kommunikation und damit die Unterhaltung. Denn wie soll das gehen, ohne den ständigen elektronischen Schwall von Informationen.

Genau genommen ist mir das mit den ausbleibenden Einladungen sogar ganz recht, ich mag diese Gesellschaften nicht, bei denen alle nur immer an ihrem Mobiltelephon oder Smartphone hängen. Wo das leuchtende Display wichtiger ist als die Unterhaltung miteinander. Genau genommen, finde ich es auch gehörig ungehörig, während des Gespräches weiter das Handy zu bedienen.

Inzwischen möchte ich diese seltene Nebenwirkung des Blutdrucksenkers nicht mehr missen. Weder habe ich sie dem Hausarzt gemeldet, noch habe ich auf eine Absetzung des Medikamentes gedrängt. Nun lade ich selber Gäste zu mir ein, sozusagen in eine zwanghafte Handy-frei-Zone. Die Leute kommen gerne. Es wäre immer so unterhaltsam, so eine ganz andere Stimmung, altmodisch aber schön.

Wirklich, ich bin recht zufrieden. Aber manchmal frag ich mich schon, wie sich Stille anhört.

MAULHELDEN

In unserer kurzen Vorstadtstraße leben neben einigen Menschen auch zwei vierbeinige Steuerzahler. Im Haus zur Linken ein Mischling mit viel Dackelmerkmalen, zur Rechten ein großer Schäferhund. Sein Besitzer nennt ihn einen deutschen Schäferhund, aber ich würde ihn eher belgisch deuten. Für den Fastdackel scheint der nahezu dreimal höhere Hund der absolute Feind Nummer eins zu sein. Jedenfalls stürzt er sich, bellend und geifernd auf den Schäferhund. So vehement entschlossen, als müsse und könne er einen Löwen in die Flucht treiben. Man muss und darf jedes Mal Furcht haben, die Hundeleine zerreißt und die Beisserei ist nicht mehr zu verhindern. Dieses Ritual, einer trägt bellend den Sieg davon, den anderen interessiert es nur beiläufig, beobachte ich alltäglich vom Fenster aus. Ein lustiges Bild, ein wütender und ein eher gelangweilter Hund, dazu die beiden Herrchen, blicklos füreinander, verfeindet wegen der Hunde.

Neulich kam der Schäferhundmann mit Hund an der Leine von links die Straße entlang. Solo, ohne Leine, ohne Herrchen, war der Fastdackel entgegengesetzt unterwegs. Eine Begegnung schien unausweichlich. In Erwartung eines Dramas überlegte ich schon hinauszurennen, den Fastdackel am Halsband festzuhalten, um so seine Art von Harakiri zu verhindern.

Aber ohne die sichere Obhut des Herrchens, vor dem er sonst den Held geben muss, war unser Wütedackel ganz zahm. Mit abgewandtem Kopf nahm er heldenhaft seinen Feind nicht wahr, wechselte nicht nur die Straßenseite, nein, er kroch unter dem Zaun hindurch in den anschließenden Vorgarten. Den er geduckt, fast schrammte der Bauch auf dem Gartenboden, schön weit vom Feind entfernt, Richtung Heimat durchquerte.

Auf sich gestellt, war er plötzlich, was er wirklich war: ein Maulheld.

Und wieder mal bewahrheitete es sich, dass Herrchen und Hunde einander ähneln. Den Dackelmann habe ich mal in der Kneipe am benachbarten Stammtisch erleben können. Da zog er lautstark über seine Frau her, wie er alles regeln müsse, weil sonst zu Hause nichts auf die Reihe kommt. Dabei ist er zu Hause so klein, passt unter jedem Tisch hindurch, dieses Möchtegern-Heldchen von Mann.

Da gehen die beiden Maulhelden wieder am Fenster vorbei. Wenn überhaupt, die Vierbeinigen mag ich lieber.

Als Barlach brannte

Als ich Barlach brennen sah, war ich erschrocken, enttäuscht und ziemlich ärgerlich. Ich hatte ihn entdeckt, gepflegt und mit ihm so viele Erwartungen verbunden. Aber einmal macht man etwas nicht selber, da passiert es und Barlach brennt.

Wir haben einen Kaminofen. Den heize ich in der Heizsaison jeden Abend in der Dämmerung, wenn die Temperaturen stärker zurückgehen auch schon mal eher. Heizmaterial fällt auf unserem Grundstück an. Weil das überwiegend Weichholz ist, das mehr Licht als Wärme beim Verbrennen freigibt, kaufen wir bei dem Holzhändler unseres Vertrauens, wie man so sagt, Hartholz dazu. Jetzt hatte er uns einen preisermäßigten Posten angeboten. Der sei durch einen Lagerfehler durch anderes Holz verunreinigt, Fichte und etwas Linde auch, untergeordnet aber immerhin. Der Preisabschlag ließ mich zuschlagen. Beim Einstapeln fiel mir ein überdicker Kloben auf. Astfrei, weißes Holz fast ohne Maserung. Ich nahm das Stück in die Hand. Es fasste sich gut an, fast weich, war rissfreies gut abgelagertes Lindenholz in bester Schnitzqualität. Fasziniert schaute ich auf das Holzstück. Es veränderte sich. Wie eine Vision sah ich plötzlich eine Figur. Ganz in Barlach'scher Manier fügte sie sich aus einfachen, klaren Strukturelementen zusammen, die ein Gefühl der Innigkeit mit dem dargestellten momentanen Zustand erzeugten, die ohne zu reden ein Stück Leben erzählen. Ich brauchte nur ein Messer nehmen und vom Holzkloben entfernen, was nicht in meine Vision passte. Mich überkam eine große Lust, eher schon ein Verlangen, zu schnitzen.

So legte ich den großen Kloben aus Lindenholz in Schnitzqualität gesondert ab. Während ich das restliche Holz aufstapelte, malte ich mir aus, wie die Figur aussehen sollte. Das Gesicht müsste von großen Augen geprägt werden, so groß und tief wie die von Irina. Und die Backenknochen müssten auch so dominant daherkommen, slawisch wie

Irina eben ist und nicht so weichgezeichnet wie bei den semmelblonden norddeutschen Milchbrötchengesichtern. Irina, meine Frau, hat eine russische Mutter, die sich in Workuta in einen deutschen Reparationsingenieur verliebte, Irinas Vater. Sie mussten mit ihm später ihr Land verlassen. Aber das ist eigentlich eine andere Geschichte.

In mein Tagebuch vermerkte ich für den Tag der Holzanlieferung, dass ich jetzt einen Barlach im Keller habe. Tatsächlich, ich brauchte mir nur im Keller den Holzkloben aus Lindenholz in Schnitzqualität ansehen, schon ward mir Barlach ganz nahe. Ich stellte mir einen Stuhl in den Holzraum. Dort saß ich oft lange. Mir war, als säße ich vor meiner Zeit in der Güstrower Bahnhofgaststätte mit ihrer flüchtigen Gastlichkeit. Einen Tisch weiter sitzt Barlach, einsam, ganz bei sich, die schweren Augen ohne direkten Blick, ganz in Gedanken verloren. Er nippelt an seinem Gläschen Korn und vor ihm geht der Wanderer gegen den Wind, spielt der Flötenspieler, kauert erdverbunden die ukrainische Bauersfrau. Unwillkürlich wurde mein Holzkloben zu einer Figur. Manchmal begannen meine Hände zu arbeiten, schnitten fort, was störte, formten Irinas große, tiefe Augen, die slawische Wangenpartie.

Irina musste wohl meine langen Kelleraufenthalte falsch gedeutet haben. Sie rief durch die geöffnete Kellertür herunter ob sie mir vielleicht noch einen „Sakusska" bringen könne, ohne den der Vodka unbekömmlich wäre. Ich ging zu ihr hoch und hauchte sie an. Sie lächelte. Was bist du nur für ein seltsames Mensch, nix Bauch, nix Fahne, nur tausend Rätsel im Gehirne. So spricht Irina, wenn sie auf slawisch macht. Was ich immer neckisch finde. Trotzdem weihte ich sie nicht ein. Barlach im Keller sollte mein bleiben. Umso mehr würde Irina staunen, wenn ich ihr die fertige Figur mit ihren Augen und mit ihren Wangenknochen schenken würde.

Als ich Barlach brennen sah, dachte ich an meine Zeichnungsentwürfe und wie schwierig es war, die richtigen anatomischen Verhältnisse zu finden. Dabei sehen wir ständig Menschen, die so gebaut sind, dass wir ihren Körperbau normal finden. Ich hatte Irina, die so gerne gärtnert, ein kleines Winteralpenveilchen geschenkt, nur um zu sehen wie sie es einpflanzt. Das habe ich sogar fotografiert. Denn meine Figur würde knien und mit den Händen in der Schoßgegend Fruchtbarkeit symbolisieren. Lange hatte ich mir Bildbände über das plastische Werk von Ernst Barlach angesehen, versuchte die kolossale Wirkung seiner Plastiken zu begreifen, seine Formensprache zu verstehen. Genau so würde meine Figur werden, die kniende Fruchtbarkeit, nur moderner.

Aber dann sah ich oben im Zweitfernseher Fußball. Irina kam hoch und sagte, dass ihr so kalt sei, richtig sibirisch sei ihr. Ja, dann heiz doch, hatte ich gesagt. Irina beherrscht die Körpersprache des Ärgers perfekt. Ihr Abgang mit fliegenden Kopfhaaren sprach Bände. Später, die Bayern hatten gerade ein Tor geschossen, hörte ich die typischen Geräusche vom Anheizen. Später, Bayern hatte gewonnen, als ich runter ins Wohnzimmer kam, da brannte Barlach. Ich rief erschrocken, Irina, doch nicht das Holzstück. Das war, wenn es schon passiert ist, eine ziemlich törichte Bemerkung. Irinas Körpersprache war immer noch biestig. Dann musst du selber machen und nicht schauen, wie erwachsene Männer dem Ball hinterherlaufen, sagte sie und nach einer kleinen Pause: und warum eigentlich das schöne große Klobchen nicht? Irinas Rückgriff auf russischen Sprachduktus deutete versöhnliche Stimmung an.

So erzählte ich Irina, dass Barlach brannte, beschrieb ihr, so gut es meine Worte vermögen, die Figur, die daraus entstanden wäre, wenn, ja wenn der herrliche Lindenkloben in Schnitzholzqualität nicht gerade dabei wäre, in Asche über zu gehen. Ich verschwieg nicht, wie traurig ich darüber wäre.

Ach du Lieber, sagte Irina ganz mild, wie sie immer mit mir spricht, wenn ich mich in ihren Augen dumm verhalte, du bist doch klug, solltest dich nicht ärgern, solltest dich freuen. Hast so viel schöne Vorstellungen gehabt im Koppe, viel schönere als wirklich real machbar wären. Im Koppe, Irina sagte kaum mal Kopf, da haben wir einen lieben Kobold sitzen, der zaubert uns die Welt schön. Manchmal muss man ihn nur lassen machen. Glaub es mir, sagte Irina und ihre schönen Augen lächelten mich an, das schönste sind immer die Geschichten vom Koppe.

Ach ich weiß nicht, antwortete ich zögerlich.

Dann probiere es, sagte Irina, ein schönes Hölzchen wird sich ja noch finden.

Zum nächsten Geburtstag schenkte mir Irina ein Profi-Schnitzbesteck.

Ich habe es fachgerecht schleifen lassen. Das ist nun Jahre her. Benutzt habe ich das geschärfte Profi-Schnitzbesteck nicht. Barlachs Figuren liebe ich mehr denn je. Sie anzusehen bewegt so viel im Koppe.

SGNA ODER EINE FRAGE DER KOMMUNIKATION

Es ist eilig. Über eilig. Schon gestern hätte mein Chef den Text bekommen müssen. Er hatte mir Aufschub gewährt. Seine Stimme klang streng, als er mir sagte: 24 Stunden, keinesfalls mehr. So klappe ich meinen Laptop auf, um endlich aufzuschreiben, was schon lange im Kopf rundum gelaufen ist. Doch statt der Tastatur mit der gewohnten Anordnung, Q oben links und M unten rechts, ist da eine Wolkenmenge aus 29 Zeichen, die wild umher fliegen. Immer wenn ich einen Buchstaben drücken will, wutsch – weg ist er. Nur das V lässt sich schnappen. Aber wie oft braucht man schon ein V. Es ist so wie früher beim Kindergeburtstag. Mit auf dem Rücken zusammengebundenen Händen stehe ich unter einem Zweig. Daran hängen Leckereien, die man mit dem Mund einfangen soll. Doch sobald sich der offene Mund einem der begehrten Objekte nähert, bewegte jemand den Zweig, zieht an dem extra für diese Schikanen befestigtem Band. Weg ist das Bonbon, genau wie die Buchstaben heute. Man hat gegen die Enttäuschung zu kämpfen und gegen das belustigte Lachen der anderen, zumal man als nicht Fänger sieht, wie dumm das vergebliche Begehren mit offenem Mund wirkt. Auch jetzt lacht jemand, aufreizend höhnisch, wie es nur mein Chef beherrscht, und unter Kichern höre ich deutlich die Chefstimme: TELTRO. Selber Trottel, rufe ich zurück und versuche erneut, mit leicht gekrümmtem Mittelfinger wenigstens das auch selten gebrauchte C anzuschlagen. Wutsch, weg ist es. Jetzt ruft die kichernde Chefstimme, wieder aufreizend höhnisch: CHOKPFAWSCH. Das verschlägt mir fast die Stimme: von wegen SCHWACHKOPF, das ist eindeutig beleidigend. Ich zeige Sie beim TARBIESTREB an. BETRIEBSRAT, so ein Quatsch, brüllt mein Chef kopfschüttelnd, den haben wir doch gar nicht.

Da wachte ich schweißgebadet auf. Noch beim Aufdecken des Frühstücks war ich wie benebelt.

Nein, meinen Traum würde ich meiner Frau nicht erzählen. Natürlich hätte sie die Gründe, denn man träumt nicht grundlos, sofort benannt. Von der Kreuzworträtselei käme es her, von meiner, aus ihrer Sicht, zu intensiven Beschäftigung damit. Tatsächlich rätsele ich oft und lange. Es ist eine Form des Nichtstuns, wenn man Tun zwingend mit nutzbringend verbindet. Denn Kreuzworträtsel sind bei einiger Übung nicht einmal Geistestraining. Damit überbrückt man Zeit. Jetzt beschäftigt mich besonders die Rätselform, bei der Buchstaben eines Wortes chaotisch durcheinander angeboten werden und man in den vorgegebenen Kästchen das richtige Wort zu schreiben hat. Also da steht SGNA und man macht GANS daraus, oder auch SANG, wie singen, sang, besungen. Bei beispielsweise PONFRA ist es noch einfacher, fast alltäglich, weil es nur eine Möglichkeit gibt: PROFAN.

Ich bin bei uns der Frühstücksmacher. Als ich meiner Frau den Kaffee eingieße, lächelt sie ihr liebes Lachen und sagt: KENAD.

Es machte mich sprachlos. Rede ich nachts in den Traumphasen? Oder ist es Verinnerlichung von Äußerlichkeiten? Letzteres will ich glauben und fand es so schön, dass ich ihr DANKE mit einem herzlichen TIBET – BITTE beantwortete.

Es hat sich so ergeben. Jetzt reden wir immer, wenn der Partner das Zuhören eingestellt hat, mit verdrehten Buchstaben. Es wirkt. Sehr oft merkt man beim Nachdenken über die vorhandenen Buchstaben und deren Umordnung, warum der Partner nicht mehr zuhört. Und glauben sie mir, gerade das ist förderlich für jede Kommunikation.

LINKERHAND

Als wir schon fast Westen waren und unsere Münzen noch Aluleichtgewichtig daher kamen, fuhren wir mit einem sehr kleinen Auto durchs Bayrische. Das Auto zierte der Aufkleber: „Links ist in, Frau Nachbarin."

Das gilt heute immer noch. Aber anders als damals gedacht. Nicht politisch, eher händisch. Linkerhand ist in, ist total angesagt.

Bei uns zweihändigen Wesen hat eine Hand die Dominanz. Mit der greifen wir zu. Mit der sind wir geschickter. Mit der erledigen wir die feinmotorischen Tätigkeiten. Die Mehrheit der Menschen bevorzugt die rechte Hand. Die Sozialisierung und die technischen Entwicklungen sind auf die rechte Hand zugeschnitten. Aber 10 bis 15 Prozent der Menschen geben bei Umfragen an, dass für sie die linke Hand die Dominanz hat.

Lange hatten es Linkshänder schwer. Links galt nichts, hatte einen schlechten Ruf. Etwas mit links gemacht zu haben hieß, es nicht ordentlich gemacht zu haben. Einer mit zwei linken Händen galt als notorisch ungeschickt. Dem traute man kaum zu, die Schnürsenkel als Schleife zu binden.

Linkshänder wurden umerzogen. Komm, gib das schöne Händchen, fordern noch heute grundkonservative Großeltern, die älter denken als sie aussehen, ihre Enkelchen auf, wenn es freudestrahlend mit vorgestreckter Linken zur Begrüßung auf sie zuläuft. Tatsächlich klappt das Händegeben nicht, wenn der eine die rechte und der andere die linke Hand gibt. Die Sozialisation gibt eben Anderes vor.

Heutzutage erfolgt eine gründliche Umbewertung der Linkshändigkeit. Und das nicht erst seit Alt-Fußballstar Diego Maradona den Ball mit der linken Hand ins Tor beförderte, es sogar anerkannt bekam, und er von der „linken Hand Gottes" sprach. Es hat vielmehr mit der meinungsbildenden Wirkung der Medien zu tun und mit Gehirnforschung. Jedenfalls ist Links heute schick. Und wer es als Unglück empfindet, es nicht zu sein, der schreibt, damit es nach Kreativität aussieht, wenigstens mit Links. Bill Clinton tut es, Obama auch und in den abendlichen Fernsehfilmchen tut es jeder Kreativdirektor. Die Wirtschaft ist darauf eingegangen. Es gibt Füller für Linkshänder, Linkshändergeschirr und so weiter und so fort. Selbst das Geschäftsfeld Bio-Ei für Linkshänder würde emsig Kunden finden.

Die Gehirnforschung unterstützt diesen Hype.

Es habe mit dem geteilten Hirn, mit den beiden Hirnhälften zu tun, haben sie herausgefunden. Die linke Gehirnhälfte sorgt für die Logik, ist Sitz des Sprachzentrums. Die rechte Hälfte ist für die Kreativität zuständig, sorgt für den Überblick, ganzheitlich. Wenngleich zwei Hälften eines Gegenstandes mathematisch gesehen immer gleich groß sind, was die größere Hälfte der Menschheit zwar nicht versteht, so trifft das beim Gehirn der Menschen nicht zu. Mal überwiegt rechts, mal überwiegt links. Und gerade Menschen mit einer größeren rechten Hirnhälfte neigen zu Linkshändigkeit. Sie sind also begnadet kreativ. Der Streit, ob umerziehen oder fördern, brandet hoch. Beides ist immer besser als reintragen, was nicht angelegt ist, nur um anders zu sein als die Mehrheit.

Was da heute abläuft finde ich ausnehmend spannend. Meine Eltern sind beide Linkshänder. Sie haben es an mich vererbt. So gründlich, dass es gut für zwei linke Hände, im unmodern gewordenen Sinne, reicht. Dieses Pech auszugleichen, glauben sie es mir, erfordert sehr viel Kreativität. Und es gibt Tätigkeiten bei denen einem die größere rechte Hirnhälfte wenig hilft. Beim Zusammenbau von Montagemöbeln zum Beispiel.

Aber das wäre eine unendlich lange andere Geschichte.

Schneckenfrust

Tiere, so meinen die Gutmenschen, verdienen unser Mitgefühl. Für etliche Tierarten hält sich das bei mir in Grenzen. Egal ob man an meiner Tierliebe zweifelt. Schnecken gehören zu dieser Kategorie. Nacktschnecken ganz besonders. Mit den Schnecken, die ihr Haus mit sich herum schleppen, habe ich wenigstens noch etwas Mitleid. Schließlich weiß man ja wie schön und schwer ein eigenes Haus ist und wie lästig es ist, die damit verbundenen Pflichten und Sorgen immer mit sich herum zu tragen. Den Hausschnecken gewähre ich Gnade, verschaffe ihnen Flugerfahrung. Wenn sie zu dicht an zu schützenden Pflanzen herumschleimen, dann werfe ich sie ins nächste Gebüsch. Seltener auch mal zum Nachbar herüber. Letzteres aber nur, wenn der mal wieder seinen Rasenschnitt zu uns geschmissen hat.

Bei den Nacktschnecken hasse ich die Braunen besonders. Eingeschlepptes Getier. Verfressen und zu nichts Nutze. Nicht einmal als Igelfutter taugen die. Sie sind einfach nur schädlich.

Rittersporn braucht Schneckenkorn, Dahlien auch. Von Salat, Spitzkohl und Radieschen ganz zu schweigen. Weil ich bei Esspflanzen Schneckenkorn lieber vermeide, sind die Schäden hoch. Sehr hoch. Oft nahe dem Totalverlust.

Wozu hat der Herr, oder wer sonst, Schnecken geschaffen? Genau genommen: mir jedenfalls fällt kein Grund ein. Vielleicht als Prüfung oder als Strafe? Aber was kann so schlimm sein, uns mit Schnecken zu strafen?

Ich bekenne, dass mich der Schneckenfrust zu brachialen Vernichtungsfeldzügen getrieben hat. Ich bin zur Nacktschneckenvermehrung übergegangen. Aus einer mach zwei. Mir gefällt die Methode „schwingende Axt" am besten. Ich finde sie cool. Da schlendere ich im Morgentau oder bei Regenfeuchte über den Rasen, wandle die Gartenwege zwischen den Beeten entlang. Dabei lasse ich im Rhythmus der Schritte als verlängerter rechter Arm eine Axt schwingen. Sobald ich so ein braunes Schneckenvieh sehe, senke ich die schwingende Axt auf Bodenhöhe ab. Ratsch. Halbiert ist die Schnecke, sauber in zwei Teile zerlegt, vermehrt zu Tode gekommen. Dabei kann ich relativ unbeteiligt sein, brauche nicht einmal Schritttempo oder Schrittmaß verändern, gehe einfach lässig weiter, beiläufig wie ein Cowboy, der nach getaner Arbeit den rauchenden Colt in den Gürtel steckt und koste doch etwas Triumph aus.

Vorgestern war irgendetwas anders. Endlich sah ich mal wieder eine schwarze Schnecke. Die sind in der Zivilisation selten geworden. Ganz tief im Wald, da sieht man sie noch. Es war noch sehr früh am Morgen. Mein Gehirn war noch im Schlafmodus. Trotzdem überlegte ich, ob ich Artenschutz gewähre. Aber mein Schneckenfrust lenkte mich anders. Schon schwang die Axt in Bodennähe. Das grelle Aufblitzen der getroffenen Schnecke, das leichte Kribbeln meiner rechten Hand am feuchten Axtstiel, weckte mein schlaftrunkenes Hirn. Verdammt. Die schwarze Schnecke war nichts anderes als ein Stück der elektrischen Verlängerungsschnur zwischen zwei Grasbüscheln. Durch den Kurzschluss gab es Stromausfall im ganzen Haus. Der Computer, der eine große Datei umlagern sollte, ist bös abgestürzt. Der Backofen wollte nicht mehr angehen und das Kästchen, aus dem unser Fernsehen kommt, musste neu programmiert werden. Ich kann das nicht. Wir müssen einen Fernsehmechaniker kommen lassen. Die Schäden gehen ins Unermessliche.

Seitdem bin ich noch rabiater geworden. Denn jetzt weiß ich, Nacktschnecken sind nicht nur unnütz, gefräßig, schleimig. Nein, sie sind auch hinterhältig, infam und voller Arglist. Mit so was, nein wirklich, mit so was kann ich einfach kein Mitgefühl haben. Nicht einmal die Spur von Mitgefühl. Ich will nicht rum schleimen. Ich hasse Nacktschnecken, basta.

Nie mehr allein

Völlig irre, aber seit Tagen folgt mir ein Mensch. Er ist kleiner als klein, nicht einmal so hoch wie einer dieser winzigen Hunde, die jetzt in Mode gekommen sind und mit denen auch ausgewachsene Männer stolz Gassi gehen. Ach Männer sind auch nicht mehr das, was sie einst meinten, darstellen zu müssen. Aber höher als eine laufende Amsel ist mein Begleiter dann doch. Er kommt mir nie näher als zwei Meter und entfernt sich nie über drei Meter.

Zuerst bemerkte ich den Begleiter als ich abends durch die Innenstadt ging. Die unbeleuchteten Schaufenster der Geschäfte, die unser Einkaufen in den Centern am Stadtrand schachmatt gesetzt haben, sind im Licht der Stadtbeleuchtung ideale Spiegel. Dort sah ich mich und knapp über zwei Meter dahinter den kleinen Begleiter. Ich hielt es für ein Schattenspiel von Mütze, Kapuze oder was weiß ich. Sogleich stellte sich mein Zweifeln ein. Schatten werden kürzer oder länger, in Abhängigkeit von der relativen Bewegung zur Lichtquelle. Mein Verfolger aber blieb immer mehr als zwei und weniger als drei Meter entfernt. Mondlicht wäre eine mögliche Erklärung für gleichlange Schatteneffekte. Aber der Mond schien nicht, machte irgendwo anders Dienst.

Seit meiner Entdeckung des Begleiters bleibe ich jetzt, wenn ich unterwegs bin, oft stehen und sehe mich um. Da steht dies Kerlchen. Er hat einen Frack an. Die Frackstöße stehen ziemlich vom Körper ab, so dass man denkt, mein Begleiter steht vorübergebeugt. Dienstags, so habe ich beobachtet, trägt er einen Zylinder. Ob der Dienstag für diensttuende Begleiter der Sonntag ist? In meine Wohnung ist er mir noch nicht gefolgt. Obgleich manchmal die Türglocke läutet, ohne dass jemand da ist. Aber das kann mein Begleiter nicht sein. Wie soll er an der Klingelleiste ankommen. Die ist in normaler Menschenhöhe angebracht und mein Name steht noch ganz oben, weil ich ganz unten wohne.

Ich war so leichtfertig von der Entdeckung meines kleinen Begleiters meiner Zugehfrau, Sozialhelferin, Gemeindeschwester zu erzählen. Ich meine die Frau, die dreimal die Woche kommt, mir die Pillenschachtel füllt, Kaffee eingießt, Wäsche holt oder bringt. Sie meint mich kontrollieren zu müssen. Als ich von meinem kleinen Begleiter berichtete, ging sie gleich in die Küche. Ich wusste, was sie dort wollte. Es wären mehr leere Weinflaschen im Abfallkorb als ich gemeinhin zum Kochen brauchen sollte, sagte sie ernst und vorwurfsvoll. Ich glaube gar, dass sie den rechten Zeigefinger mahnend erhob. Wissen sie, ich koche tatsächlich manchmal und habe in Vorzeiten meiner Zugehfrau, Sozialhelferin, Gemeindeschwester oder wie sie sonst zu nennen ist, den Spruch aufgesagt, dass ich gerne mit Wein kochen würde, habe aber dann den Zusatz weggelassen, dass ich manchmal sogar etwas Wein ins Essen gebe. Die Gute scheint den Spruch nicht zu kennen. So weiß ich nicht ob sie mein Kochverhalten oder doch mein Trinkverhalten missbilligt. „Sie trinken aber keinen Alkohol zu den kleinen gelben Tabletten?" fragt sie. Ich hebe nur die Schultern, sage: ich glaub nicht. Das macht nämlich Halluzinationen erklärt sie mit der Gewissheit eines Richters. Ich wünschte mir, dass sie bald wieder geht und ich rausgehen kann zu meinem kleinen Begleiter. Der will mich nicht laufend beeinflussen, folgt mir einfach, egal wohin in gehe, nur ins Haus, da kommt er nicht mit.

Eine Nachbarin aus dem Nebenaufgang sprach mich jetzt an. Warum ich so oft stehen bliebe und zurückschauen würde? Ich mochte mich ihr gegenüber nicht erklären und weil mir keine Antwort einfiel, legte ich nur den Kopf schief und wackelte mit den Schultern. Bestimmt sah das recht einfältig aus. Später in der Ruheposition auf dem Sofa kam mir eine Antwort in den Sinn. Es dauert jetzt oft lange. Ich hätte doch sagen können, dass man im Zurücksehen so schön deutlich merkt wie viel schon hinter einem liegt. Das würde ich ihr sagen, am besten gleich bevor ich es vergessen habe. So zog ich die Jogginghose aus, die Straßenhose an und ging hinaus. Aber als ich am Nebenaufgang vor der Klingelleiste stand, da fiel mir ein, dass ich den Namen der Nachbarin nicht kenne. Wie dumm und wie vereinsamt. Ich ging schnell weiter, dass der Kleine meine Irritation nicht registrieren muss.

Meine Skatbrüder sind auch nicht mehr da. Heinz, diesem Kontratyp, hätte ich sowieso nicht von meinem Begleiter erzählt. Heinz ist ein Tatmensch, der gleich bedeutende Fangtechniken mit Netzen, Lassos oder offene Gullydeckel wortreich empfehlen würde, und ich weiß gar nicht, ob ich das wollte. Vor allem nicht, dass der Heinz das Fangprozedere mit Jedermann besprechen würde, selbst mit denen, die das nicht hören wollen. Der Heinz, der verheinzt alles und Jeden. Ella, meine Frau, mochte Heinz nicht und Paul Otto, meinen anderen Skatbruder selig, erst recht nicht. Aber solange Ella da war, musste sie die Beiden ertragen, jeden dritten Mittwoch, wenn wir das Skatblatt schwangen. Heinz und Paul Otto gingen erst nach Ella. Paul Otto war ein achtzehnzwanzig-passe-Typ, sein Mut und seine Entscheidungskraft waren rückwärts gerichtet. Ein schwammiger Bürokrat, in dem Erzähltes versackte, wie eine Nadel in einem Mehlsack. Wenn ich ihm vom Begleiter erzählen würde, holte er bestimmt den Zollstock heraus, um nachzumessen ob das mit der Entfernung zwischen zwei und drei Metern stimmt. Verstanden hätte er nichts, dieser Blödmann. Aber er fehlt mir trotzdem, Heinz auch und Ella noch viel mehr. Sie hätten mir die Geschichte mit dem kleinen Begleiter zwar nicht geglaubt, aber sie hätten es verstanden, hätten gesagt, ach Alter, du nun wieder. Spinn ruhig weiter. Hast ja sonst nichts.

Ich gestehe, dass ich zu gerne wüsste, welche Augenfarbe mein Begleiter hat. Sind sie grün, wie die von meiner Tochter, die in der Ferne lebt und in deren Lebensbild ich nicht passe. Oder sind sie hühnerkackfarben bunt schillernd wie die von Ella. Ich wünschte sie wären von jenem hellen durchsichtigen Blau, so wie die nordischen Seen den Himmel spiegeln. Aber mein kleiner Verfolger schafft es immer sein

Gesicht im tiefsten Schatten zu halten. Dienstags am Zylindertag ist es gänzlich aussichtslos, da reitet die Hutkrempe auf dem Nasenrücken. Bestimmt sind die Augen so voller hellem Lichtblau, dass sie Helligkeit schlecht vertragen.

Seit ich mit dem Verfolger unterwegs bin, hat sich mein Verhältnis zu Hunden total entspannt. Eigentlich habe ich vor Hunden, vor allem vor den kleinen Giftkötern, ziemlich Angst. Und die Viecher wissen das und nutzen es schamlos aus. So wechselte ich die Straßenseite, sobald ich so ein Hundetier im Visier hatte. Jetzt ist es anders. Ich bleibe, wo ich gerade gehe und die Hundeviecher werden im Vorbeigehen zu Hündchen, lieb und zurückhaltend. Wie macht er das nur, der Kleine. Wenn ich das wüsste! Vielleicht sendet er Strahlungen aus?

Paul Otto hätte bestimmt gemeint, dass es sich bei meinem Begleiter um einen Schutzengel handeln könne. Ach, dem mag ich nicht folgen. Schutzengel müssen doch was hermachen, müssen fliegen können, müssen majestätisch zu Schemen verlaufen können, durch Wände und Schornsteine fliegen, auf Wellen und Fischen reiten. All das kann mein lieber Kleiner nicht. Er ist mir inzwischen schon sehr vertraut. Oft unterhalte ich mich mit ihm, erzähle ihm, den Kopf nach hinten gewandt, was mich gerade bewegt. Lass die Menschen doch komisch reagieren, mit dem Finger an ihren Kopf klopfen, als ob sie Einlass begehren. Lass sie, solange sie nicht an meinen Kopf klopfen.

Seitdem ich den Begleiter habe, bin ich viel mehr draußen. Ins Haus kommt er ja nicht. So laufe ich weite Strecken, nur um in Gesellschaft zu sein. Der Kleine hatte noch mehr Vorteile. Ich gehe gerne durch den Wald, oft auch fernab der Wege, wo die Bäume sich mir zuneigen und die Brombeerranken nach mir hakeln. Du musst das Handy mitnehmen, wenn was passiert, hat Ella immer gefordert. Dabei hasse ich Telefone. Und meine Tochter sagt das auch, hat mir sogar eine Notfallnummer eingespeichert, als sie noch kam, um mich zu maßregeln. Als Ella nicht mehr da war, bin ich aus Pietät oder sonst einem Artigkeitsdrang mit

Handy in der Tasche spazieren gegangen. Und fand es doof. Jetzt brauche ich kein Telefon mehr, auch nicht, wenn der Wald noch so dicht und menschenfern ist, jetzt habe ich ja meinen kleinen Begleiter.

Es ist Herbst, es ist Zylindertag und es wird schon dunkel. Im Buchenwald raschelt das Laub bei jedem Schritt. Zwei bis maximal drei Meter hinter mir raschelt es auch, nur zarter. Ich weiß gar nicht mehr wo ich bin. Ich gehe und gehe weiter. Es ist unendlich schön, nicht alleine zu sein. Ich glaube, ich bin glücklich und werde weiter gehen ohne Ziel am Ende.

KUNST AM BAUM

Damals, als wir noch Deutsche Demokratische DDR waren, da war unser Leben Parolen-lastig. Meistens blieben sie wirkungslos. Flossen durch einen hindurch, wie es die vielen Funkwellen tun. Einige wenige beschäftigten einen. Zu letzteren gehörte die Parole: „Kunst am Bau".

Sie bewegte auch uns und hatte mit unserer alten Linde in unserem Garten zu tun. Direkt über den viel begangenem Weg zum Bootssteg und unserer Partymeile ragte ein dicker toter Ast aus dem lebensstrotzenden Geäst. Der große Bruder befand, dass der Ast weg müsse, weil er bestimmt abbrechen, herunterstürzen, Kinder und andere Menschen erschlagen würde. Was in der Familienhierarchie nichts anderes hieß, dass kleiner Bruder, also ich, die Gefährdung zu beseitigen habe.

Artig machte ich mich ans Werk. Gleich zum Anfang erwies sich die alte Linde als kletteruntauglich. Genial wäre, so meine Überlegung, über den ausragenden Ast ein Seil zu bekommen, um dann mit viel Kraft den toten Ast gezielt herunter zu brechen. Ich band einen Stein an ein Seil und schmiss ihn hoch, wieder und wieder, bis mir der Arm wehtat. Erfolglos. Nie erreichte der Stein die nötige Höhe. Der Versuch, einen Flitzbogen als Flughilfe zu bauen, scheiterte an der Jahreszeit. Die Haselnussruten standen nicht unter Saft, waren phlegmatisch ohne Spannkraft. Dann kam mir die Idee mit dem Hammer und der Angelsehne. Hammerwerfen mit Seil. Schon beim ersten Wurf nahm der Hammer die ideale Flugbahn, flog über den toten Ast hinaus, senkte sich wunschgemäß. Mein Siegeslächeln entschwand mir. Der Hammer blieb in der Luft hängen. Irgendwie schien sich die Sehne verheddert zu haben. Ich zerrte und zerrte unten an der Angelsehne. Der Hammer schwang in der Luft, blieb aber oben in der Höhe. Dann riss die Sehne. Der Hammer blieb gute 10 Meter über dem Boden, unterbrach mit seiner Ansicht das Stück Himmel zwischen Baumkrone und Rasen, bereicherte den Blick zum See mit einem ungewöhnlichen Detail, ein Hammer als Lufttikus.

Gleich darauf kam ein Freund zu uns, der als Architekt die uniformen Serienbauweisen mit „Kunst am Bau" gemäß Parteitagsbeschluss aufpeppen sollte. Er entdeckte den schwebenden Hammer sofort. „Was habt ihr denn da vor?" „Wir", sagte meine Frau, „erweitern hier „Kunst am Bau" um einen Buchstaben, machen „Kunst am Baum"." „Dann schmeißt besser noch eine Sichel hinterher", sagte der Freund. „Klasse Idee", erwiderte ich, „das Hoheitszeichen des Kommunismus könnten wir der Kreisleitung zum 39. Republikgeburtstag schenken."

Meine Frau meinte, dass ich das gar nicht erst ins Auge fassen solle, ich würde es sowie so nicht schaffen.

Letzteres sagte meine liebe Gute nur, weil sie das Kuriose lockte und weil sie wusste, dass mich ihr Zweifel an meinen Fähigkeiten immer anstachelt. So auch dieses Mal. Die Sichel fand ich nach einigem Suchen im Geräteschuppen. Ich entstaubte sie und begann gleich mit Testwürfen, um die Flugeigenschaften einer Sichel zu testen. Beim ersten Testwurf mutierte sie zu einem Bumerang, wollte zu mir zurück. Ich rannte um mein Leben, um dem Geschoss zu entkommen. Meine Frau lachte, dabei wäre sie genauso gerannt, wenn eine Sichel, dazu noch rostig, mit gefühlter galaktischer Geschwindigkeit auf einen zurast. Beim zweiten Wurf knallte sie gegen den toten Ast, veränderte die Flugrichtung und schlitzte im Fallen das Dach des Partyzeltes auf. Meine Frau lachte auch darüber. Als die Sichel zum Ende des dritten Fluges den Haupttrieb ihrer Lieblingsrose ratz batz köpfte, lachte meine Liebste nicht mehr, sprach sehr streng ein totales Sichelwurf-Verbot aus. Mann gefährdet, Zelt kaputt, okay, aber Rosen beschädigen, nein, das geht bei ihr gar nicht.

Aber sie tröstete mich über den Misserfolg hinweg. Es hatte nicht sein sollen, einem guten Kommunisten wäre es gelungen, aber das wäre ich nun einmal nicht. Was ich als Lob empfand.

Mit der „ Kunst am Baum" hatten wir noch eine gute Weile viel Freude. Völlig irreal, so ein Hammer, der ohne erkennbaren Halt, die Angelsehne war kaum bis nicht sichtbar, in der Luft schwebt. Manche Mondnacht, wenn das Mondlicht Silberbahnen in den See gleist und Gegenstände nuanciert und klar zeigt, bin ich extra auf die Terrasse gegangen, um unsere Landschaft mit Hammer zu verinnerlichen. Wunderschön, die ausladende Krone der alten Linde, die vor dem Nachthimmel, dem weißen Mond- und Sternenlicht eine dunkle vertraute Gestalt abtrotzt. Das ist ein unendlich schöner Anblick. Der schwebende Hammer aber macht ihn einmalig.

Mit Hammer und Sichel fand es ein Ende. Zuerst mit Kunst am Baum. Da gelang schon der Sichel nicht der Aufstieg um das Symbol des Kommunismus zu vervollständigen. Dann fiel auch selbsttätig der Hammer herunter. Wenig später verfiel, nicht so selbsttätig, das politische Symbol Hammer und Sichel als staatstragende Ideologie.

Einen direkten Zusammenhang zwischen beiden Ereignissen mag ich nicht ziehen. Nur, dass in beiden Fällen die Hauptsache geblieben ist: die alte Linde und die Menschen in den Staaten.

Bleibt noch über das Ende des toten Astes zu berichten. Mit viel Freude und jugendlichem Elan holen ihn die Heranwachsenden mit meiner angedachten Technik herunter. Man soll sie ruhig an das Lösen von Problemen heranlassen. Und das nicht nur Freitags.

Fremdwörter können fremd machen

Mit einem Zugezogenen verbindet mich eine gute Bekanntschaft. Er hätte viele Eigenschaften, ein Freund zu werden. Aber wir streiten oft. Meistens geht es um Fremdwörter, die er reichlich und genussvoll in seine Argumentation einfließen lässt. Bei lateinischen Redewendungen mache ich gleich die Ohren zu, registriere aber trotzdem das Minus an abendländischer Bildung. Nun, er kommt von da, ich von hier. Erledigt. Aber seine Fremdwörter machen mir Probleme. Ich weiß allzu oft nur ungefähr, was sie bedeuten, und meine Deutung scheint von seiner abzuweichen.

Seitdem bin ich dazu übergegangen, beim Lesen stets mein Fremdwörterbuch dabei zu haben und darin die Bedeutung nachzulesen. Mein „Kleines Fremdwörterbuch" vom VEB Bibliographisches Institut erschien 1972 in Leipzig. Es informiert, so steht es auf dem Einband, über rund 20 000 Fremdwörter aus Gesellschaft, Wissenschaft, Technik und Kultur. Man hatte es, wenn man meinte, zur Bildungsschicht zu gehören. Inzwischen fehlt dem Nachschlagewerk der Buchrücken, und sein gedecktes Gelb weist zahlreiche Flecke und Kratzer auf. Die Buchseiten sind altersbedingt angegilbt. Auch ist das Schriftbild nicht gerade augenfreundlich.

So schenkte mir meine Frau ein neues Fremdwörterbuch von Duden, 10. Auflage von 2010. Das macht echt viel mehr her, ist dicker, klar gedruckt, mit eingefärbter Alphabetleiste, was sehr praktisch ist. Trotz meiner Anhänglichkeit an alte, vielgebrauchte Gegenstände entschloss ich mich, das „Kleine Fremdwörterbuch" der Altpapiertonne zu übergeben. Doch, wie ich mal so bin, tat ich es doch nicht, verglich lieber intensiv die Erklärungen gleicher Schlagworte in den beiden Ausgaben, also Ostdeutung gegen Westdeutung.

Da ist in der DDR-Ausgabe ...

Pazifismus eine *bürgerliche-politische Strömung, die unter der Losung des Friedens um jeden Preis sich auch gegen gerechte Kriege wendet.*

Der neue Duden erklärt **Pazifismus** als *weltanschauliche Strömung, die jeden Krieg als Mittel der Auseinandersetzung ablehnt und den Verzicht auf Rüstung und militärische Ausbildung fordert.*

Pazifismus scheint im Sozialismus nicht zu Hause zu sein. Wegen der gerechten Kriege? Und was, in aller Welt ist gerecht? Ideologie weiß was gerecht ist, ihre Sicht, Punkt.

Leipzig 1972: **Militarismus** *im Imperialismus verbundene Unterordnung aller Bereiche des staatlichen-gesellschaftlichen Lebens unter das Militärwesen, Kadavergehorsam und Kasernenhofdrill.*

Mannheim-Zürich 2010: **Militarismus** *Zustand des Übergewichts militärischer Grundsätze, Ziele, Wertvorstellungen in der Politik eines Staates und die Übertragung militärischer Prinzipien auf alle Lebensbereiche.*

Wo kommen wir zusammen, die von hier und die von da. Und wie ist das zu wichten, dass wir über ein ganzes Planjahrfünft hinaus unter dem Slogan arbeiteten: „Mein Arbeitsplatz, mein Kampfplatz für den Frieden."

Fast erschreckt es mich, wie eng die ideologische Beeinflussung gegriffen hat, damals und auch heute greift. Ein Fremdwörterbuch als Kampfplatz der Ideologen?

Metaphysik erklärt mein „Kleines Fremdwörterbuch" so: *1. idealistischer Begriff zur Bezeichnung einer jenseits aller Erfahrungen angenommener transzendenter Sphäre, 2. anti-dialektische Denkmethode, die die Welt als zusammenhanglos, unveränderlich und widerspruchsfrei betrachtet.*

Für den neuen Duden ist **Metaphysik** *1. philosophische Disziplin oder Lehre, die das hinter der sinnlich, erfahrbaren, natürlichen Welt Liegende, die letzten Gründe und Zusammenhänge des Seins behandelt, 2. der Dialektik entgegengesetzte Denkweise, die die Erscheinungen als isoliert und unveränderlich betrachtet (im Marxismus).*

So weit sind wir also auseinander gebogen worden, dass wir vor einem Streit erst einmal klären müssen, was wir unter dem Wort verstehen.
Meinem „Kleinen Fremdwörterbuch" laste ich mehr Vergänglichkeit an, als nur der fehlende Buchrücken, als die Flecken und Kratzer im gedeckten Gelb des Einbandes. Aber es dem Altpapier zu übereignen? Ich weiß nicht. Eigentlich stellt es ein Zeugnis von einer Zeit dar, in der die Ideologie das Leben und das Denken des Staatsvolkes vorgeben wollte, nein sollte.

Die Freundschaft mit dem zugezogenen Bekannten ist übrigens nicht zustande gekommen. Er ist mir vor lauter Fremdwörtern fremd geworden. Und sich selber auch. Was weit schlimmer ist.

Essen mit Sandra

Kein schlechtes Wort über meine Bisherige. Aber was das Essen und dessen Zubereitung betrifft, da spielte sie in einer anderen Liga. Hausmannskost gegen auserwählt feine Küche. Mit Sandra bekam das tägliche Essen ein anderes Format. Es diente nicht mehr dem Ersatz verbrauchter Körpernährstoffe, es wurde zu einem zeitaufwendigen Ritual, war die kreative Explosion des Tages.

Als mich Sandra das erste Mal zu sich einlud, da versprach sie mir, für mich zu kochen. Ich fürchte, man sieht mir an, dass ich gerne esse. Ich klingelte. Sandra band sich noch im Aufmachen die kleine Schürze ab. Ihre Wangen waren erregt gerötet, und sie sah einfach hinreißend aus. „Also", sagt sie mit bedeutungsvoller Betonung, „heute gibt es Carpaccio vom New Zealand Lammrücken mit gratiniertem Ziegenkäse auf Tomaten-Chutney und Sesam-Hippe mit Blattsalat." Sie bat mich an den Tisch. Ich erschrak. Da lagen neben jedem Teller so viele Bestecke, die hätten für meine ganze Volleyballtruppe gereicht. Messer, Gabel, Löffel. Mehr brauche ich eigentlich nicht und liegt da mehr, dann weiß ich es nicht richtig zu nutzen. Wie das Essen aufgetragen wird, so von außen nach innen, glaubte ich mich zu erinnern.

„Du magst doch Ziegenkäse?" fragte Sandra in der Gewissheit, sie würde eine Selbstverständlichkeit nachfragen. Genau genommen finde ich Ziegenkäse, insbesondere seinen tiefen Nachgeschmack, ziemlich eklig. Ich beschloss halb ehrlich zu sein. „Nicht wirklich gerne", antwortete ich. „Koste mal", strahlte mich Sandra an, „durch das schnelle Angrillen mit starker Oberhitze, das Gratinieren, bekommt der Ziegenkäse etwas ganz Fesches." Ich konnte das nicht bestätigen. Doch ich aß ihn tapfer, ohne genauer hin zu schmecken. Dabei stellte ich mir vor, ob es wohl einen Nachtisch gäbe, den ich mir wünschte. Sandra machte ganz den Eindruck, dass es dazu kommen könnte. Darüber vergaß ich das Tomaten-Chutney zu essen, von dem Sesam gehippten Blattsalat völlig zu schweigen. Beim Nachtisch, der wie von mir heimlich gewünscht ausfiel, sagte Sandra mit gütige Nachsicht: „Das wird schon noch." Ich hoffte sie hat das Essen gemeint.

Sandras Bücherregal füllte Kochbuch um Kochbuch. Omas Kräuterkunde, der große Kienzle, Dr. Oetkers Puddingküche, Biolek, Mälzer. Alle waren sie da, die goldenen Kochlöffel mit und ohne gesteifter Kochmütze. Selbst „Cook clever mit Jamie". Letzteres schien unbenutzt, war noch in der Folie.

„Sag mal, liest du auch noch was anderes?", fragte ich Sandra, als sich unsere Beziehung gefestigt hatte und sich ein Bestand andeutete. „Ja wann denn?" fragte Sandra zurück und zog einer leicht angedünsteten Paprikaschote vor der Weiterverarbeitung die Haut ab.

Ich muss zugestehen, was Sandra kochte, dass schmeckte. Es gab nicht die überbordenden Portionen, sondern übersichtlich angeordnete Leckerbissen. Immer war ein kleiner Trick dabei, etwas von den großen Weisheiten der goldenen Kochlöffel. In den Kakao musste Kardamom rein und eine Prise Chili, kaum mehr als eine Andeutung. Spargel wurde nicht einfach gekocht, braune Butter drüber und fertig. Nein, grünen Spargel gab es, in Sojacreme auf Dinkelmürbeteig. Wirklich, es schmeckte, aber manchmal war mir doch nach dem Essen so, als fehle mir etwas. Spargel-Quiche sei eines der Lieblingsessen von Ludwig dem 14. aus der Versailler Schlossküche gewesen, sagte Sandra, das habe sie in der Rezeptsammlung der „Landlust" gelesen.

Manchmal fragte mich Sandra nach meinem Wunschessen. Ich mochte es ihr nicht sagen. Es hätte sie zutiefst erschüttert. Ich hatte Angst, als bärtiger Höhlenbewohner daherzukommen und schwindelte ihr vor, dass sie mir mit ihren Kreationen schon alle meine Essenswünsche erfüllen würde.

Zunehmend schlug mir das Essen mit Sandra aufs Gemüt. Unser ganzes gemeinsames Leben drehte sich ums Essen. Was Lichter, was Lafers gesagt hat, dass Mälzer alles mit den Händen angrabsche, wie Saß Eier pochiere, dass es bei ihm nie ohne einen Schuss Olivenöl gehe, und, und, und. Auch vertrug ich die ewigen Kochsendungen kaum noch. Und ihre Belehrungen dabei kaum weniger. So wagte ich zu lästern: „Man ist der witzig". „Du, das ist Witzigmann, der ist der Gott des Herdes und der feinen Küche", kam prompt Sandras gekränkt klingende Richtigstellung. Und wenn diese selbstverliebten Kochlöffel Lichterten und Laferten, am Herd Lebensweisheiten kundtaten, diese hemmungslosen Selbstdarsteller, dann stieg in mir so ein seltsamer Groll auf. Wie Sodbrennen ohne Sod. Wenn Sandra mir dann begeistert auf den Arm klopfte und ausrief: „Bitte merk es dir mit: schwarze Oliven, Kreuzkümmel und Meerrettich", kam auch noch der Sod und ich erfand Ausreden, das köchelnde Bildungsfernsehen der satten Abendländer zu verlassen. Klo geht immer.

Die Kochexerzitien meiner schönen Sandra gingen mir in dem Maße gegen den Strich, wie die heiße Lust an dem Nachtisch nachließ.

Eine Grenze wurde erreicht, als mich Sandra zu unserer Landschlachterei schickte, um Entrecote zu kaufen. Es bediente gerade die alte Schlachterfrau. Sie sah mich entgeistert an. Ich dachte, sie hätte es akustisch nicht verstanden und wiederholte lauter: „Entrecote, bitte". Sie sei nicht schwerhörig, ich solle nicht brüllen, sondern ihr lieber sagen, was ich wolle, sagte die Alte. Da ich es auch nicht wusste, musste ich Sandra anrufen. Ich kam mir recht dämlich vor und entsprechend peinlich war es. Ich reichte das Handy über die Wursttheke. „Rippenstück vom Rind, sagen Sie es doch gleich", murrte die Verkaufsfrau, „in Scheiben oder im Stück?" Die Grenze meiner Nachsicht wurde erreicht, als ich mir tatsächlich ein Essen wünschte. Eigentlich dachte ich an Gazellen-Filet, entschied mich aber dann einfachheitshalber doch für Ente. „Oh fein", freute sich Sandra, „wie willst du sie, nach Mälzer, Saß oder Witzigmann?" Ich sagte, sie solle sie nach Sandra kochen und sie sagte, ich solle erst abends kommen, damit sie mir etwas richtig Gutes anbieten könne. Ich vertrödelte den Samstag, lief mir später einen

Löwenhunger an. Abends empfing mich Sandra sichtlich erschöpft. Als sie die angerichteten Teller brachte, da hatte sie noch nicht einmal die Schürze abgebunden. Sie hatte die Ente kunstvoll verschandelt. Alles was mir schmeckte, das fehlte. Keine Knusperhaut, dafür eine blutende Brust, stundenlang Thermometer geprüft bei 81° auf knalliges Rosé gewärmt. Mich schauderte es. Dazu bissfeste Pastinaken, Schaum von Mango mit einer Prise Kurkuma, Koriander oder sonst was und mit Schokolade verzierte Apfelsinenprismen, enthäutet. Mir war das alles zu viel, zu viel Mühe, zu viel Zeit. Ab und zu, als Höhepunkt mal gut essen gehen, in Ordnung. Aber tagtäglich?

Ich lobte wohl das Essen nicht genug. Jedenfalls fühlte sich Sandra genötigt, den ganzen Abend nur über ihr Essen, die Raffinesse der Zubereitung, die Absichten des Wohlgeschmacks zu sprechen. Es war schon vor Elf und anstatt Vergnügen miteinander zu haben, redete Sandra immer noch über das Kochen. Irgendwann ertrug ich es nicht mehr. Ärgerlich sagte ich: „Sandra, genug gekocht" und ging ohne Dank und Abschied.

Seitdem koche ich wieder allein für mich. Bäuerliche Hausmannskost. Fast habe ich schon wieder mein altes Gewicht. Im Gewürzregal warten Kurkuma, Koriander, Estragon, Curry, Muskat, Zimt, Chili und Kardamom auf ihre Anwendung. Sandra hat das alles gebraucht, wenn sie bei mir kochte. Mir reicht Salz, Pfeffer und Paprika. Ach, ich will Sandra nicht schlecht reden. Ich habe von ihr auch gelernt. Meine Grützwurst brate ich nicht nur mit Äpfelstücken und Zwiebeln, nein, jetzt überpudere ich die kross gebratene Grützwurst mit Zimt. Aber erst unmittelbar bevor ich die Pfanne vom Herd nehme, damit das Zimtaroma nicht verbrannt wird.

Ach Sandra, das Leben kann so schön sein, zu schön, um es zu zerkochen.

Die Stimme aus dem Kästel

Wir nennen sie Paula. Wenn sie nervt: „Drehen Sie, wenn möglich um, drehen Sie um!" ist sie die Tussi.

Eigentlich mag ich die Stimme. Sie schwebt im Neutralen, ist nicht zu hoch, nicht zu tief, ist dialektfrei. Nur den Befehlsduktus, der im Hintergrund immer mit schwingt: „Halten Sie sich rechts, halten Sie sich rechts" den mag ich gar nicht. Aber das darf ich Paula nicht vorwerfen. Das ist meine Empfindlichkeit gegenüber Vorgaben, die zu deutlich daherkommen, die ich nicht angefragt habe. Das vertrage ich schlecht. Es gibt genug Situationen, wo mich so etwas reizt.

Paula ist das egal, Tussi erst recht. Sind ja weit genug weg, wohnen vielleicht im All, vielleicht beengt im Kästel. Wer weiß das schon so genau. Es ist eben sehr kompliziert, höllisch kompliziert, ist Technik im Überborden. Das versteht der normale Laie oft nicht. Da drückt man auf einen Knopf, und ratz batz weiß das Kästel, kaum größer als zwei Zigarettenschachteln, wo man sich aufhält. Liest aus irgendwelchen Weltallsignalen, die auch unsere Körper unbeachtet durchfahren, die Wahrheit des örtlichen Seins. Schreibt es uns auch auf, dass wir wissen, wo wir uns befinden. Und geben wir dem Kästel unsere Zielanschrift sowie die Umstände der Fahrt vor, dann führt uns Paulas neutrale Stimme auf optimalen Weg, „Abfahrt vor Ihnen", ans Ziel. Paula stelle ich mir als perfekte Bürokraft vor, hübsch, aber nicht aufregend hübsch, flink, dezent geschminkt, mittel hohe Hacken, kurzer, aber nicht zu kurzer Rock, uneigennützig, Typ Kumpel, in der Summe die kongeniale Hilfe für den Rest der Menschheit. Aber kaum hört man nicht auf sie, wagt es selbstständig Kursänderungen vorzunehmen, dann mutiert die liebe Paula zur Tussi. Typ: Hauptbuchhalterin, heute Controller genannt, Endfünfzig, schmales Gesicht, tief eingegrabene Unmutsfalten, die immer von „Ich weiß es besser" künden. „Drehen Sie wenn möglich um, drehen Sie um!" Tussi liebt Opernarien und an und ab ein kleines

Gläschen Eierlikör. Im offenen Kragen der Kostümbluse trägt Tussi ein buntes Seidentuch. „Drehen Sie um!" Was ich nicht tue, nicht tun werde. Mag Tussi noch so oft Recht behalten. Ich höre nicht auf sie. Wo werde ich. Manchmal fahre ich extra Umwege, nur um mir vorzustellen, wie Tussi stutzt, den knielangen Kostümrock nervös herunter zupft, ihre Karten wieder und wieder durchblättert, sogar die Brille abnimmt, damit sie die kleingedruckten Details, ganz aus der Nähe deutlicher erkennt. Am meisten missfällt mir ihre Geduld. „Drehen Sie wenn möglich um, drehen Sie um!" Wieder und wieder. Ätzend ist das. Kann sie nicht wenigstens einmal wütend werden, tun wir schließlich doch auch, richtig wütend auf diesen Stiesel, der nicht hören will, auf das, was ihm Richtiges gesagt wird. Zusammengestaucht möchte ich werden: Idiot, fahr doch wie du willst, dämlicher Hammel, oder so. Macht sie nicht, macht sie nie. Nur: „Drehen Sie wenn möglich um, drehen Sie um!"

Überhaupt, nein, ich weiß nicht wie man darüber denken soll, über ein System, das besser weiß wo man sich gerade befindet als man selber. Ist man dadurch nicht fremdbestimmt, begibt man sich nicht in die Abhängigkeit der Technik? Und wieso weiß die mehr als wir?

Bleibt als Freiheit, als Zustand der Selbstbehauptung, nur die Nutzung neuer Straßen, neuer Autobahnen, die jünger sind als die Seele des Kästels, diesem kleinen Chip voller Wege. Da saust das Ich als Pfeil durch grüne Wiesen, durch unbestellte Äcker. Wenn sich ein alter Landweg, eine alte Straße zeigt, Brücken über die neue Straße führen, dann flötet Paula: „Ausfahrt vor Ihnen" und mutiert gleich zur Tussi: „Drehen Sie wenn möglich um, drehen Sie um!" Herrlich hilflos klingt das so mitten auf Wiesen und Äckern. Diese Momente genieße ich, einfach so inkognito zu fahren. Ein neues Update kommt schon allein aus diesem Grunde nicht in Frage. Einmal weiß ich es besser als die Stimmen aus dem Kästel.

Neulich, ja neulich, da musste ich zu einem Vortragstermin am frühen Abend in eine fremde Stadt fahren. Gerade war das Auto in der Werkstatt gewesen, und dazu hatte ich das Kästel zwar aus aber nicht wieder eingepackt. Tatsächlich habe ich den vereinbarten Ort, der recht versteckt lag, alleine gefunden. Allerdings anderthalb Stunden zu spät. Paula hat mir doch sehr gefehlt. Selbst Tussi hätte ich da auf dem Beifahrersitz geduldet. Ausnahmsweise.

HAENDRIKE

Leon, ein ausgemachter Handymann, geht von Ost nach West die Hauptstraße entlang. Er benutzt die südliche Straßenseite. Dort werfen die Häuser Schatten und das Display seines Handys ist so gut zu erkennen.

Ihm entgegen kommt Leonie, auch Handyversessen. Beide kennen sich nicht, obgleich sie sicher beiderseits zum Facebook-Freundeskreis zählen. Auch Leonie benutzt die schattenspendende Straßenseite.

Leon tippt eine SMS, Leonie wischt Irgendetwas auf ihrem Smartphone heran. Beider Augen sind nur auf den kleinen Anzeigenschirm ihres Smartphones gerichtet. So stoßen sie zusammen. Sie stürzen auf die Gehwegplatten. Sie liegen direkt nebeneinander. Zuerst schauen sie nach dem jeweiligen Smartphone. Mit einem erleichterten Lächeln nehmen sie das leuchtende Display zur Kenntnis. Erst dann schaut Leonie zu ihrem Knie. Sie sagt: „Tschuldigung, hab gerade die Warn-App für entgegenkommende Objekte deaktiviert und war gerade dabei die App wieder zu aktivieren. Klappt aber nicht."

„Tschuldigung auch", sagt Leon, „hab gerade das Kurzwort für Vollpfosten gesucht. Ist ja nichts passiert. Oder?"

Würde es dir etwas ausmachen, deine Hand woanders hinzulegen, fragt Leonie. Ungern, sagt Leon, nimmt aber die Hand, die eher zufällig auf Leonies kleiner aber dennoch sehr fraulichen Brust liegt, dennoch weg.

Im Aktivieren von Deaktiviertem bin ich Spezialist, sagt Leon. Da ist er schon aufgestanden und hat Leonie die Hand als Aufstehhilfe gereicht.

Können uns ja mal treffen, schlägt Leonie vor. Sie speichern jeweils die Mail-Adresse des Anderen in ihrem Handy ab. Danach geht Leonie weiter die Hauptstraße nach Osten und Leon die Hauptstraße nach Westen.

Nach mehreren elektronischen Treffen vereinbaren sie ein körperliches Treffen im Zoo. Erst telefonieren sie am Löwengehege, dann im Café. Leon will einen Latte, da nimmt Leonie auch einen. Manchmal reden sie sogar miteinander, schielen aber immer mit mindestens einem Auge auf das Display ihres Smartphones. Oh, sagt sie, bei meinem Freund in Oslo hat die Katze unter das Bett gepieselt. Sagt er: Armado aus Chile hat sich in den Finger geschnitten. In welchen, fragt sie. Moment, antwortet er, ich erkundige mich.

„War richtig gut mit dir", sagt Leonie, „mal was anderes."

Sie treffen sich noch öfter, später regelmäßig. Da liegt Leons Hand schon ungerügt auf Leonies kleiner fraulicher Brust. Beim Küssen machen sie nicht die Augen zu, sie haben eine Technik der Kopfneigung entwickelt, die es erlaubt auch bei dieser Intimität das Display im Auge zu behalten, notfalls auch mal Befehle zu tippen oder zu wischen.

Und weil sie wissen, dass sie ideal zusammen passen, wollen sie zusammen bleiben. Sie bemühen sich eifrig ein Kind zu zeugen. Es soll ein Mädchen werden. Denn für ein Mädchen wissen sie den Namen schon. Sie wird Haendrike heißen. Tatsächlich in dieser Schreibweise.

Sie freuen sich schon auf den Kosenamen für die Kleine.

Sie werden ihr Kind Handy nennen. Da werden aber all ihre Freunde auf Facebook begeistert staunen.

Ach ist das nicht schön, fast wie ein Märchen.

Die Nacht in der ich beinahe zum Helden mutiert wäre – oder von der Natur lernen

Nein, es war keine gute Nacht. Schnell eingeschlafen, aufgewacht und nicht wieder in den Schlaf zurück gefunden. Das passiert mir oft in fremden Betten. Und da waren sie wieder, die Gespräche des Abends. Eingebrochen würde hier im Viertel. Dreist und immer wieder. Die Polizei habe die Ermittlungen eingestellt. Sie wäre völlig überfordert. Es gebe Hinweise auf ein blaues Auto und Kapuzenleute. Da meint man, die Kinder leben hier idyllisch, still und friedlich und dann diese Beunruhigungen. Die Kinder erzählten immer neue Details, fanden aber keine Antwort auf die Frage, was zu tun sei. Aufmerksam sein, ja, das könne nicht schaden.

Nachmittags hatte ich ein blaues Auto gesehen. Rumänisches Kennzeichen. Es bog kurz in die benachbarte Baustelle ein. Zwei Männer stiegen aus, gingen in das Haus und kamen so bald wieder heraus, dass man sich fragte, was sie dort gemacht haben könnten. Und rückwärts, ein anderes Auto elegant umkurvend, war das blaue Auto wieder fort. Während der Beobachtung hatte ich kaum Gedanken darauf verschwendet. Nachts dann schon.

Nein, ich hatte nicht geschlafen, war aber auch nicht wirklich wach, als ein Automotor von der Straße her kurz übertourt aufheulte, dann abstarb. Zeitgleich erlosch das Poltern der Reifen auf dem Pflaster so plötzlich, dass es mich erschreckte. Das klang so anders, klang nach Eile, klang nicht nach normalem Halt und schon gar nicht nach einer Durchfahrt. Da schien ein System dahinter zu stecken. Die Einbrecher? Ich musste Klarheit haben, überwand mich und stieg aus dem warmen Bett. Während ich an das Fenster ging, überlegte ich, was zu machen sei. Ein Foto? Die Polizei alarmieren? Aber wo war ein Fotoapparat, wo das Telefon? Und was musste ich tun, um in der Gemeinschaftsanlage das vielleicht gefundene Telefon zu aktivieren? Mein Handy, das war mir klar, lag, wie eigentlich immer, unaufgeladen zu Hause, genoss den Ruhestand.

Vom Fenster sah ich nur einen kleinen Ausschnitt der Straße. Alles sah sehr verschlafen und verträumt aus, friedlich eben. Das Licht der Straßenlampen blinkte durch das Laub der großen Bäume. Das Dunkel der Schatten überwog, tanzte nach der Melodie des Windes. Ich öffnete leise das Fenster, lehnte mich weit hinaus. Nun war die Sicht erweitert. Aber auch da waren keine Einbrecher am Werke, war nur Vorstadtruhe. Ich versuchte, meine Armbanduhr in der Dunkelheit zu deuten und meinte, dass es gegen zwei Uhr wäre, eine gute Zeit für Leute, die aus dem Schatten kommen. Ich wartete noch eine Weile. Die Nachtkühle hatte schon lange meinen Pyjama für unwirksam erklärt als ich ins Bett zurückging. Irgendwie war ich erleichtert. Einbrecher zu überführen, das war mir überdeutlich klar, war nicht ungefährlich. Wäre aber toll, wenn es mir gelänge. Ich würde bestimmt nicht den Helden raushängen lassen, selbst wenn ich es genösse zu sein. Einen Helden gebe ich selten, bin dazu zu vorsichtig. Trotzdem, ich sollte auf der Wacht bleiben. Aufmerksamkeit kann ja nicht zum Schaden sein.

Da lag ich nun in dem fremden Bett, das nichts von der Geborgenheit des eigenen hatte und lauschte auf die Geräusche der Nacht, hörte den Anlauf der Kirchenglocke, hörte den Stundenschlag. Drei mal. Hörte die Stille einer Vorstadt, die sich so nah an die Großstadt anlehnt, hörte trotzdem nichts von ihr. Verdächtig still war es. Schon übermannte mich die Schwere, das Absinken aller Körperteile auf das Betttuch, das dem Einschlafen voraus geht, als mich ein Geräusch aufschreckte. Ein harter metallischer Klang, als ob etwas Schweres nach einem Wurf aufschlagen würde. Dann ein längeres Klackern. Oder waren es Rollgeräusche? Und was hatte die Geräuschfolge mit dem so hastig anhaltenden Auto zu tun?

Was hatte das blaue Auto mit rumänischem Kennzeichen auf der Baustelle gesucht? Haben sie Spuren gelegt, etwas vorbereitet. Eine Gang von Osteuropäern. Man hört es immer wieder, wie gut deren Banden organisiert sind. Denen ist alles zu zutrauen. Trotzdem, ich muss es riskieren. Schleiche zum Fenster, öffne es vorsichtig und fast lautlos. Wenn ich den Körper gefährlich weit herauslehne, dann kann ich die Baustelle überblicken. Kein Auto, nicht in Blau, nicht mit rumänischem Kennzeichen. Keine Menschen. Nur Schatten, die mit dem Wind tanzen.

Ich krieche ins warme Bett zurück, drücke mich tief ins Bettzeug, als wolle ich mich verkriechen. Wie leicht man die Fremdenfeindlichkeit annimmt. Dabei habe ich nichts gegen Fremde, glaube ich zu mindestens, nur gegen Fremde, die nicht bereit sind, unsere Normen weitgehend zu tolerieren. Oder ist das nur die anerzogene Haltung?

Da, ich schrecke auf, höre ich nicht Stimmen? Und dann wieder der harte metallische Klang, das längere Klackern. Kurze Stille, dann erneut dieselbe Klangfolge. Da ist jemand beim Ausräumen, denke ich. Bestimmt die Rumänen. Verdammt noch mal, das kann ich doch nicht zu lassen. Nur so aus Feigheit. Schon taste ich im dunklen Zimmer nach meiner Hose. Während ich versuche, mein Bein samt Schlafanzug durch das Hosenbein meiner Jeans zu fädeln, lausche ich. Draußen ist Stille. Nur Stille. Wirklich zu blöde, hier den James Bond geben zu wollen. Ich mache den Anziehvorgang rückgängig und krieche wieder ins fremde Bett zurück. Das Kirchgeläut bereitet schnarrend das Läuten vor. Vier mal. Das höre ich noch, dann bin ich doch eingeschlafen.

Morgens, beim späten gemeinsamen Frühstück mag ich gar nicht von meiner Nacht erzählen.

Die Tochter hat Brötchen geholt. Wenn es wieder einen nächtlichen Übergriff gegeben hätte, sie hätte es von der morgendlichen Klatschbörse mitgebracht und uns zu den Brötchen aufgetischt.

Später, ich war wieder mit Malerarbeiten an den Straßenfenstern beschäftigt, viel etwas auf die Straße, kullerte danach über das Pflaster. Im Sturzflug landete eine Krähe neben dem gefallenen Objekt. Eine Walnuss, so groß, dass sie gar nicht in den sie aufnehmen wollenden Schnabel passen wollte. Komisch, dachte ich. Das hier im innerstädtischen Grün ein Wallnussbaum steht. Ich suchte die gegenüberliegenden Grundstücke ab. Tatsächlich stand da ein hoher Baum mit dem dunklen Grün des Wallnusslaubes. Und gerade da fiel eine Nuss, landete mit hartem metallischen Klang auf einem Wellblechdach und klackerte dessen Neigung runter.

So lehrte mich die Natur nächtliche Gedankenspiele zu bewerten. Nur, dass tief und unkontrolliert in mir allein schon fallende Wallnüsse Fremde zu Verdächtigen werden lassen, darüber habe ich noch nach zu denken.

Die Maus, die grinst oder die Wirkung von Musik

Viele Menschen schleppen ein Ungemach durchs Leben. Wir auch. Wir haben eine Maus. Und zwar im Keller, genauer im Wirtschaftskeller. Keller haben ihre Eigenheiten. Sie verfügen gemeinhin über viele waagerechte Flächen. Und waagerechte Flächen, so sagen es die Ordnungstheoretiker, sind eine wichtige, was heißt wichtige, sie sind die Voraussetzung für Unordnung. Unser Keller würde die Theoretiker glücklich machen, würde sie voll bestätigen. Rechts und links eines schmalen Durchganges stehen Kartons, riesige Kübel mit ausladenden Oleandergestrüpp, Partyzelte, Gummikanu, Dahlienknollen, leere und volle Flaschen, dazu die gelben Säcke, Kartoffeln, Äpfel, Kaminholz, die Gänsepfanne. Darüber zieht in den Regalen unser wenig oder nicht mehr benutzter Besitzstand bis zur Decke. Es ist erstaunlich, was man alles meint, noch zu brauchen. Jedenfalls so lange, bis es dem Gedächtnis entschwunden ist, von neu Hinzugekommenen, momentan nicht gebrauchtem Hausrat, verdeckt ist.

Da zeigten die schrumpelige Haut der Lageräpfel helle Spuren, so als wären da Zähne langgeschrammt, tief und gründlich. Der gelbe Sack hatte nahe seiner Auflagefläche Löcher. Brachial hineingerissen, die Ränder ausgefranst.

Frau, sagte ich, wir haben eine Maus im Keller. Über ihr Gesicht zog der Schreck wie eine Wolke. Meine Gute fürchtet Mäuse. Meint, irgendwann, wenn man nicht darauf gefasst ist, springen Mäuse einen an. Meine Erklärungen, dass Mäuse in der Beuteordnung der Tierwelt so tief unten stehen, dass sie Fluchttiere wären, enden stets mit totalem Unverständnis und der Frage, warum ich denn Angst vor Schlangen hätte. Spätestens dann mag ich nicht weiter diskutieren. Es ginge ins Grundsätzliche. Eine Maus, die still hin und her huscht, von der man nie weiß, wo sie sich gerade aufhält, verstößt mit ihrer Heimlichkeit gegen die typisch weibliche Wohlfühlhaltung. Frau will im Voraus wissen, was sie zu erwarten hat, wo und wie. Und meine Angst vor Schlangen, die ist unerklärbar.

Gut, sagte ich, ich stelle eine Falle auf. Vergiss die Angelsehne nicht, erinnert mich meine fürsorgliche Frau.

Natürlich hätte ich an die Angelsehne gedacht. Den Angelsehnentrick halte ich für meine Erfindung. Vor ewigen Zeiten, verirrte sich eine Maus in unserer Küche. Das war zu Zeiten, da in unserem Lande die Planwirtschaft herrschte, und die hatte gerade beschlossen, dass die sozialistische Gesellschaftsordnung keine Mausefallen brauche. Der Bettelbrief um eine Mausefalle Richtung Westen war uns peinlich, wurde aber ganz lieb und postwendend erfüllt. Doch die Maus erwies sich als speziell. Erstens fraß sie nur Käse aus dem Intershop und zweitens war sie so behutsam, dass sie dabei selbst den guten Westfallenmechanismus nicht auslöste. Bis ich den Intershop-Käse zusätzlich mit einer zarten Angelsehne festband. Damit überlistete ich die Maus. Dass ich da gerade nicht zu Hause war und dass meine liebe gute Frau Maus samt kostbarer Falle in den nahen See warf, das ist eine andere Geschichte. Über die reden wir schon lange nicht mehr.

Ich drapierte zwei Mausefallen mit Speck, band diesen gewissenhaft mit einer Angelsehne am Auslösesteg fest und stellte sie an Stellen auf, die mäuseverköttelt waren. Noch vor dem nächsten Frühstück eilte ich siegessicher in den Keller. Nichts. Kein Fang, kein weggefressener Speck. Ob ich den Speck angebraten hätte, fragte mich meine Frau. Hatte ich nicht. Also Prozedur wiederholt. Diesmal mit ausgelassenem Speck. Zur Belohnung ließ ich davon mehr aus, als ich für den Mausefang benötigte. Auf Schwarzbrot gestrichen, Pfunde mal vergessen, schmeckte mir der Speck scheinbar weit besser als der Maus, die wieder Abstinenz übte.

Vielleicht handelt es sich um eine Wühlmaus, vermuteten wir. Also Apfel als Köder. Ich bemühte mich sehr darum. Eigennutz. Plötzlich fielen mir fast alle Kellergänge zu, und wenn meine Frau wirklich mal hochselbst runterging und ich sie an der Kellertür klopfen und rütteln hörte und ihr lautes „Hallo, Hallo" vernahm, tat sie mir unendlich leid.

Aber die mürben Apfelstückchen hielten schlecht. Die Angelsehne zerschnitt sie. Eine Lebendfalle, verkündigte ich, das wäre die Lösung in diesem Fall und überhaupt. So fuhren wir zum Baumarkt. Was mit einer Lebendfalle, vier Samentüten, zwei Grünpflanzen, einem Ersatzbesen und einer Auffegeschaufel moderat ausging.

Die Lebendfalle erwies sich als Flop. Die schönen Apfelstücke, James Grieve, schrumpelten darin, unberührt. Nur der neue gelbe Sack war wieder angefressen.

Nussschokolade, das wäre ein Universalköder, darauf gingen alle Nager, erklärten uns Wissende. Also opferte ich ein Stück von den zartbitteren Schokoladen-Erdnussbergen. Nichts. Auch noch verwöhnt, dachte ich. Kaufte erst Vollmilchnuss von Rittersport, später auch von Lindt. Es half nichts. Jeden Morgen, wenn ich das Ergebnis der Nacht bemusterte, stand die Falltür der Lebendfalle so weit offen, wie das Heck einer Fähre während der Be- und Entladung.

Inzwischen war die Maus schon zur „Sie" geworden.

Bestimmt sitzt sie zwischen den Dahlienknollen, fanden wir. Davon haben wir überreichlich. Sie überwintern in der hinteren dunklen Ecke des Wirtschaftskellers. Also legte ich mir Licht dahin. Vorsichtig begann ich, Knollenpaket um Knollenpaket weg zu nehmen. Mit links. Rechts hielt ich, für den Fall der Fälle, einen zwei Pfund Hammer, als Mordwerkzeug. Tatsächlich war die Maus da. Saß in der letzten Ecke. Sah mich an. Schien zu grinsen. Selbstsicher. Da hatten wir nun die Situation wie fast an jedem Fernsehabend im Krimi. Der Bösewicht hat die geladene Knarre auf den Kommissar gerichtet, der mit festem Blick und der überzeugenden Gewissheit, der kann und wird nicht auf mich schießen, keine Angst zeigt. Nur war hier bei uns, im realen Kellerleben, ich der Bösewicht und die Maus der Kommissar. Der Ausgang war wie im Film. Die Maus gewann. Meine Frau war so nett, mich zu trösten, nein, sie hätte es auch nicht gekonnt. Es blieb trotzdem eine Schmach.

Am Tage Neun der Keller-Mausezeit lag neben einem der großen Oleandertöpfe Erde, zuhauf; ein breiter Gang führte in die Tiefe des Topfes. Sie hat Heimweh bekommen, verkündigte ich meiner Frau, und dass ich sie jetzt haben würde. Bestimmt sitzt Sie in vertrauter Erde, ich bring den Topf nach draußen, und dann kann Sie laufen wohin sie will, nur nicht wieder in den Keller. Aber ist der große Topf nicht zu schwer?, gab meine Beste zu bedenken. Ich schüttelte heldenhaft den Kopf. Der wäre jetzt auch nicht schwerer als im späten Herbst, sagte ich, verzichtete aber auf die sonstige Feststellung, dass ich mir einen gnädigen Frost wünsche, der der saisonalen Schlepperei Einhalt geböte.

Ich ging äußerst behutsam zu Werke. Schlich mich heran, band die stärkste Folie über dem Kübel so fest, dass für eine Maus auf die Schnelle kein Entkommen möglich war. Der Oleander war schwerer als mir erinnerlich war. Aber daran gewöhnt man sich, dass immer mehr schwerer geworden ist, so mit der Zeit. Draußen hob ich die Pflanze aus dem Topf. Wie eine Spirale zog eine breite Fraßspur zum Boden. Der Wurzelballen war arg dezimiert, nur der aktive Wurzeldieb, die Maus, war nicht anwesend. Umsonst abgeplagt. Enttäuscht ging ich erst einen Schnaps trinken. Aber der schmeckte echt nicht.

Ich ersann immer ausgefeiltere Fangtechniken. Doch jedes Mal, wenn ich wieder eine Idee umsetzte, von der ich sicher war, dass Mäuseken darauf reinfällt, war mir völlig klar, die sitzt irgendwo, sieht mir zu und grinst, mit der gnädigen Gewissheit der Jünger des Wortes.

Gefangen habe ich nichts. Nur einmal ist eine Falle aktiviert worden, eine der herkömmlichen Schlagfallen. Auslöser war ich selbst, genauer mein großer Zeh. Da ich nur Pantoletten anhatte, tat das richtig weh. Ich hüpfte wie Rumpelstilzchen und fluchte gottserbärmlich. Vor allem, weil ich mir vorstellte, wie die Maus jetzt grinste. Bestimmt höhnisch.

Nach dreiwöchiger Jagdsaison warf ich das Handtuch. Sie ist mir über, erklärte ich meiner Frau, die will hier nicht raus. Der muss doch unser Keller nach den Erdröhren, in denen sie sonst lebt, geräumig wie eine riesige Kathedrale vorkommen. Luxus pur. Was ich nicht sagte war, dass ich es nicht akzeptieren mochte, dass ich mit meinem großen Kopf gegen den kleinen Mausekopf stets den Kürzeren zog. Schließlich sind wir doch die Krone der Schöpfung. Zugleich ärgerte ich mich über mich und meine Gedanken jetzt, da ich selber unmittelbar beteiligt bin. Eigentlich vertrete ich in Diskussionen stets den Standpunkt, dass wir Menschen zwar die Krone der Schöpfung seien, aber nur neben vielen anderen Kronen. Selbst primitiv anmutenden Wesen machen Dinge, die Einem tiefes Staunen abverlangen.

Du, sagte meine Gute, ich schau mal im Internet nach. Ja, sind dort auch Mäuse? fragte ich und belegte damit meinen geistigen Tiefgang, mein mangelndes intellektuelles Selbstvertrauen nach der Mäusepleite.

Tatsächlich wimmelte es im Internet von Mäusen und von klugen Ideen, sie zu fangen. Nur bei Wühlmäusen, da sei es heikel. Die fange man eher nicht und wenn nur mit ausgefeilter Technik. Nichts darf nach Mensch riechen und totale Finsternis habe zu herrschen, denn sie erkennen Fallen. Licht mögen sie nicht und Lärm auch nicht.

Meine Frau barmte. Scheußlich sehen die aus und ihre Zähne wachsen ständig nach, blecken vor dem Kiefer. Die Fotos im Internet hatten ihrer latenten Angst reichlich Nahrung gegeben.

Es bestand akuter Handlungsbedarf. Nicht, dass meine Frau noch auszieht, mich klein und hilflos zurücklässt. Ich überlegte und überlegte. Nachts kam mir die Idee. Am liebsten wäre ich gleich aufgestanden, wartete aber doch ungeduldig auf den Morgen.

Nach dem Frühstück wusch ich mir supergründlich die Hände, kochte eine Kneifzange steril, zog Gummihandschuhe an, grub mit den behandschuhten Händen im Kompost. Nach diesen Vorbereitungen schlich ich mich leise in den Wirtschaftskeller. Mit der Zange biss ich in den dichten Maschendraht, der Fensterverschluss und Lüftung zugleich ist, ein kreisrundes Loch. Von draußen legte ich ein Rohr in den Kellerschacht. Achtete sorgsam darauf, dass Rohr und Loch in einander übergingen. Das äußere Rohrende überschüttete ich gut mit Erde. Im Kellerschacht baute ich einen Aufstieg, hinauf zum Garten.

Nach einer geraumen Wartezeit, die hoffentlich reichte, dass die Maus mein Tun vergessen hatte, schleppte ich ein tragbares Radio in den Wirtschaftskeller, stellte den Sender ein, der rund um die Uhr Tagesschlager spielt, Schatzilein, du sollst nicht traurig sein und so. Gefühle beim Überkochen, schmalzhaltig, in voller Lautstärke. Schrecklich. Ich wäre spätestens nach einer halben Stunde geflohen. Abends stellte ich den neu umhüllten gelben Sack in den Wirtschaftskeller. Später, Schatzilein war noch immer nicht heiser, schmalzte frei und überglücklich Sehnsüchte herbei, schien sauer zu sein, als ich ihm den Strom wegschaltete.

Wieder kontrollierte ich den Erfolg der Schlagerbeschallung schon vor dem Frühstück. Am Ausgang zum Kellerschacht keine Veränderung. Dafür war der gelbe Sack wieder brachial aufgerissen.

Ich griff zu härteren Drogen. Spielte der Maus CD`s vor von John Lee Hooker, dem kleinen alten, schwarzen Mann, dessen Blues so viel laute Töne macht, dass einem auf Dauer davon schwindlig wird. Trotzig startete ich die CD alle 45 Minuten neu. Trotz viermaligem Neustart blieb das Testergebnis negativ. Selbst Freejazz in den schrägsten Tonlagen und voller Dissonanzen, die manchmal schön sind und dem nicht gewöhnten Ohr wehtun. Theo, entschuldige den Missbrauch deiner Kunst, aber auch sie vertrieb die Maus nicht.

Schließlich überwand ich mich, versuchte es mit klassischer Musik, stellte unseren geliebten Klassiksender auf volle Lautstärke und überließ der Musik alles Weitere. Am nächsten Morgen lag Erde auf dem Fensterbrett, dort wo das Rohr von außen her einmündete. Aber es sah so aus, als hätte da kein Raus, eher ein Rein stattgefunden. Und der gelbe Sack zeigte alle Indizien für die Anwesenheit einer Maus. Dicht neben dem Radio lag das, was eine Maus zurücklässt, wenn sie länger an einem Ort sitzt. Wenig später sah ich sie und ihn auch.

Meiner Frau gestand ich beim Frühstück, dass wir jetzt zwei Mäuse hätten und sicher auch bald noch mehr. Es gab Tränen. Ich hätte mitweinen können.

Inzwischen ist Ruhe eingekehrt. Wir haben Umlagerungen aus dem Wirtschaftskeller vorgenommen, so dass für den täglichen Ablauf der Kellerraum funktionslos geworden ist. Meine Frau betritt den Raum nicht mehr. Ich hätte dort all die Freiheiten für die andere Männer bis zur Garage gehen müssen, wenn ich sie mir denn nehmen wollte. Manchmal halte ich mich aber doch im Wirtschaftskeller auf. Habe mir dort einen Stuhl reingestellt, sitze da und höre Musik. Dvořák's Neunte mögen wir besonders. Wenn der Komponist über viele vorbereitende Anläufe wieder sein Thema aufnimmt, dann weiß ich, irgendwo ganz nah, sitzt die Maus, lehnt schmusend den Kopf an ihren Partner und grinst selbstvergessen.

Jetzt sagte meine Frau zu mir, als ich wieder einmal aus dem Keller zu ihr aufgestiegen war, dass es erstaunlich sei, wie wenig Veränderungen nötig seien, um sich mit den Umständen zu arrangieren. Ich nickte nachdenklich. Wusste nicht, ob wir das wollen, sich arrangieren. Aber bequem ist es schon.

Der Winterfrosch

Es war einmal ein früher kalter Wintermorgen.

Da war ein Mann namens Ich zu seinen Kunden unterwegs. Er fror aber nicht. Zum einen war es die letzten zweiundzwanzig Tage kälter gewesen und zum anderen fuhr er in seinem gut geheizten Auto.

Die Kunden des „Herrn Ich" wohnen hinter vielen Horizonten. So fuhr er durch den frühen kalten Wintermorgen und ließ sein müdes Gesicht müde sein. Ohne scharfe Konturen dachte er über das nach, was der Tag bringen würde, ging mit traumähnlichen Schleifen die immer gleichen Gespräche durch. Wie anfangen? „Herr Ich" ist belesen. Er kennt den Schriftstellerwunsch, dass Gott einem den ersten Satz schenken möge, damit man selber weitermachen kann. Aber er traute Gott nicht allzu viel Geschenke zu. So übte er lieber auf seinen langen Wegen Gesprächsanfänge, immer wieder Anfänge. Anfänge, die eine Dimension eröffnen sollten, die es vielleicht nicht gibt. Er liebte diese Übungen. Ein bisschen verlängerten sie die Nacht.

Geschwindigkeitsbeschränkung. Automatisch bremste „Herr Ich" stark ab. Erst danach erfasste er den Zweck der Beschränkung. Unter dem Sechzig-Schild war groß ein Frosch abgebildet. Achtung Froschwanderung.

So ein Quatsch, dachte er. Froschwanderung im Winter, bei dem Frost. Und er wollte gerade wieder Gas geben, als die Scheinwerfer einen seltsamen Klumpen auf der Straße ausleuchteten. Der hatte nicht nur die Gestalt eines Frosches, nein, er schien sich auch so zu bewegen. Er wuchs wie Frösche wachsen, wenn sie zum Sprunge ansetzen. Allerdings langsam, viel langsamer als sich je ein Frosch erhebt.

Jetzt bremste „Herr Ich" so energisch, dass sich das Auto vor dem Klumpen, der ein Frosch sein könnte, verneigte. „Herr Ich" stieg aus, rannte durch das Blinkgelichte vor sein Auto. Eigentlich wollte er mit einem Fußtritt die gehabte Vision von einem Frosch zerstören. Aber er hielt den Stoß schon im Ansatz zurück. Es war keine Täuschung. Vor ihm auf der Straße saß ein Frosch. Unzweifelhaft, ein ziemlich ganz eingefrorener Wechselblütler. Unter das Staunen mischte sich bei „Herren Ich" das Mitleid. So bückte er sich, nahm den Frosch auf. Er war auf der Handfläche durch die Glibberhaut, auf der Eiskristalle silbern glitzerten, kälter als jedes Stück Eis. „Was mache ich nur mit dir?", sagte „Herr Ich", „am besten ich nehme dich ins Auto."

Einen Moment lang schien ihm, der Frosch bemühe sich, ihm zuzunicken, als wolle er Zustimmung signalisieren. Das ist ja ziemlicher Unfug, dachte „Herr Ich". Aber irgendwie war da doch ein Laut in der Luft, wie verklemmte Knorpel ihn abgeben könnten.

„Herr Ich" setzte den Winterfrosch auf den Teppich, der für die Füße des Beifahrers bestimmt ist und schaltete die Leselampe für den Beifahrer an.

So konnte er im Weiterfahren leicht nach dem Frosch sehen. Erst saß er starr da. Die Fahrbewegung des Autos schob ihn hin und her. Fast wie ein heruntergefallener Apfel, dachte „Herr Ich" und fuhr vorsichtiger. Langsam entledigte sich der Frosch seines Glitzermantels. Dann begann er, sich gegen die Bewegungen durch das Fahren zu wehren, glich aus, pendelte von hier nach da, um am Platz zu bleiben, wie ein Schläfer im Nahverkehrszug.

Der schaut mich die ganze Zeit an, dachte „Herr Ich".

Es war ihm unangenehm. Lieber verlor „Herr Ich" sich wieder an seine morgendlichen Anfänge. Dieser Aufenthalt zwischen Traum und Realität erschien ihm legitimer zu sein als merkwürdige Frösche, die es nicht gibt. Vielleicht hätte ich gestern nicht so viel Wein trinken sollen, dachte er und das Wahnsinn da anfange, wo der Traum realer als die Wirklichkeit ist.

„Endlich ist mir warm."

„Herrn Ich" irritierte dieser Satz sehr. Er schaute sich um. Kein blinder Passagier, wirklich nicht. Im Auto waren nur der Winterfrosch und er. Er sprach seine Anfänge von Gesprächen nie; hatte auch jetzt nicht gesprochen. „Herr Ich" schaute den Frosch an und der schaute ihn an. Was heißt schaute, der Frosch fixierte ihn. Fragend.

Nicht noch das, dachte „Herr Ich", bestimmt soll ich ihn auch noch küssen. Und dann sitze ich mit so einem Prinzen da, verarmt, versnobt, verdorben für diese Welt und Immobilien voller Schnörkel, pflegeaufwendig und mit Schulden über den Dachfirst hinaus. Und auf Prinzen steh ich schon gar nicht, vielleicht nicht einmal auf Prinzessinnen.

„Weißt du wie schön es ist, wenn einem warm ist?", fragte der Frosch.

„Schon, aber so wichtig wie dir ist es mir nicht", sagte „Herr Ich".

„Hast du vielleicht ein paar Mückenlarven?", fragte der Frosch, „warm und noch Mückenlarven, das wäre wie das Paradies."

„Ne, du", sagte „Herr Ich", „mit Mückenlarven kann ich nicht dienen."

Als Ersatz hob er eine Blechdose hoch, bewegte sie, dass es darin klötterte.

„Vielleicht magst du ein Nimmzwei?"

„Gerne", sagte der Winterfrosch, „aber leg ihn etwas vor mich hin."

„Herr Ich" wickelte das Bonbon aus und legte es wie geheißen vor dem Frosch ab. Gleich katapultierte dessen Zunge vor, rutschte in ihrem Totpunkt über die süße Fläche und verschwand wieder im Maul.

„Wirklich sehr angenehm", sagte der Frosch und lutschte auf seine Art an dem Bonbon weiter.

„Herr Ich" fuhr und fuhr. Noch waren weniger Horizonte geschafft als vor ihm lagen. Der Verkehr begann zu erwachen. „Herr Ich" dachte nicht an den Frosch. Es genügte ihm, dass er sein Schlabbern hörte, um zu wissen, dass es dem Frosch gut ging.

Aber dann war Stille auf dem Beifahrerteppich. „Herr Ich" sah sofort hin. Der Frosch sah sehr zufrieden aus. Fast glücklich, fand er.

„Sag mal, du würdest mich vielleicht nicht küssen wollen?", fragte der Frosch, „es wäre schon wichtig für mich."

„Entschuldige", sagte „Herr Ich", „aber gerade das will ich nicht."

„Schade", sagte der Frosch nur und verfiel in stille Nachdenklichkeit. Lange danach, sie waren bereits auf der nächsten Bundesstraße, sagte der Frosch: „Ich würde dir dafür einen guten Tipp geben, echt einen Hundertprozenttipp."

„Wozu willst du mir raten?", fragte „Herr Ich".

„Na klar, du willst verkaufen. Alle, die unterwegs sind, wollen Verkaufen oder Kaufen. Die Käufer sind anders, und dein Auto riecht etwas nach Zement. Du bist vom Bau, genauer denke ich, du verkaufst Beton."

„Herr Ich" schwieg verblüfft. Er war immer der Meinung, dass die Branche ihn noch nicht gezeichnet hätte.

„Aber du sprichst wenigstens nicht laufend davon", fuhr der Frosch fort, „du bist mir wirklich sehr sympathisch. Also ich gebe dir einen Hundertprozenttipp, du küsst mich und alles wird märchenhaft."

„Die Konjunktur ist schlecht, oberschlecht", stöhnte „Herr Ich", „ da ist mir der Erfolg auch ein persönliches Opfer wert. Also abgemacht. Dein Tipp für meine Lippen."

„Abgemacht", sagte der Frosch, „ich führe dich hin."

„Herr Ich" fuhr, wie ihm der Frosch hieß, und dann standen sie auf einem beräumten Platz in einer nichtssagenden Landschaft. Im Morgendunst schimmerte die Flächenbeleuchtung eines nahen Gewerbegebiets. Sonst war da nur Ebene, kein Wald, kein See, kein Fluss.

„Hier", sagte der Frosch, „entsteht die größte Rehabilitationsklinik des Landes."

„Ach Frosch", sagte „Herr Ich" enttäuscht, „was soll das für ein Tipp sein. Ist doch ein alter Hut."

„Wie meinst du das?", fragte der Frosch, „schließlich war ich dabei, wie ein Herr mit den allerfeinsten Lamalederschuhen mit Handschlag den Bau abmachte."

„Für Rehakliniken sind die Fördermittel gestrichen und dein oberfeiner Bauherr sitzt seit Wochen wegen Subventionsbetruges in Untersuchungshaft", erläuterte „Herr Ich".

„Vielleicht solltest du etwas Glauben entwickeln", schlug der Frosch vor.

„Glauben ohne Fördermittel", sagte „Herr Ich", „das ist, Frosch, ein Ballast, ist wie ein Auto ohne Räder."

Jetzt schwieg der Frosch und „Herr Ich" sagte: „Wer nicht informiert ist, der verliert. Und du warst nicht informiert, also hast du verloren. So ist das Leben."

„Du wirst mich also nicht küssen?", fragte der Frosch.

„Nein", sagte „Herr Ich", „das werde ich nicht."

„Dann setzt du mich am besten raus", sagte der Frosch.

„Raus in die Kälte?", fragte „Herr Ich".

„Ja", sagte der Frosch und fuhr mit Ironie in der Stimme fort, „Winterfrosch ist zwar nicht das beste, aber weißt du, Winter ist wie Konjunktur, man muss nur auf den Frühling warten." Der Mann trug den Frosch hinaus. „Winter als Jahreszeit ist mir lieber", sagte er, „da weiß man wenigstens, dass es einen Frühling geben wird."

Aber der Frosch antwortete nicht. Vielleicht war er gleich eingefroren, oder er war beleidigt. Was weiß man, denn wer kennt Winterfrösche schon so genau?

Alle Jahre wieder

Alle Jahre wieder verabreden wir, die Geschenkeflut zu Weihnachten einzudämmen. Dieses Jahr besprachen wir es ganz intensiv und ernsthaft. Da sich zum Weihnachtsfest auch noch ein Jubiläum gesellte, hatten sich beide Kinderfamilien angesagt. Wir erwarteten vier große Kinder, drei sich als ziemlich groß fühlende Kinder, ein gerade noch Kind und ein Kleinkind. Platzprobleme waren vorprogrammiert. Wir freuten uns trotzdem.

Noch vor der ersten Adventskerze standen bei uns verstärkt Stadtfahrten zu den Geschäften an mit den Dingen, die schön sind, die man aber eigentlich nicht braucht. Bei Einkäufen fällt mir die tragende Rolle zu. Das mache ich lieber als kaufen. Immer sind beide Hände schnell belegt. In der Vorweihnachtszeit noch schneller. Manchmal dachte ich, so etwas wie eine Wassertrage einzusetzen. Aber für dieses Experiment fehlt mir der Mut.

Die Kinderfamilien kamen am Heiligabendtag spät. So viel einzupacken sei gewesen und Baustellen mit ätzenden Staus aller Wege. Fürs Christvesper wurde es zeitlich eng. Für mich als U-Boot-Christ, der nur Heiligabend in der Kirche auftaucht, war dieser Termin wichtig. Ich drängelte und erfuhr Ungnade. Ich solle keine Hektik verbreiten, schließlich wäre noch so viel für die Bescherung vorzubereiten. Nur das gerade noch Kind und das Kleinkind waren bereit, mich zu begleiten. Ich mag die besondere Stimmung und die Form von Zugehörigkeit zum Weihnachtsgottesdienst. Das Kleinkind, das dicht bei mir etwas Wärme suchte, brachte mich aus der andächtigen Stimmung. Es zeigte auf das Kruzifix auf der Gegenwand schräg vor uns. „Ist das Jesus?" fragte es. Ich nickte. „Der Echte?" fragte es. Gott hätte eine Antwort darauf. Ich war aber nicht Gott, nicht einmal für unsere Kleine.

Schon beim letzten Lied freute ich mich auf zu Hause. Nach der kalten Kirche wartet dort nämlich ein Schnaps zur inneren Aufwärmung der klammgefrorenen Kirchgänger. Zum Kirchenschnaps gibt es deftige Sakuskas. Endlich zu Hause, hatten die Frauen keine Zeit, nur der Herr Sohn erwies mir die Ehre, obgleich er sich den Kirchenschnaps gar nicht erdient hatte. Ich langte gerade nach dem zweiten, schon wegen der dummen Rede, dass man auf einem Bein nicht stehen könne, da läutete die Glocke, die ins Weihnachtszimmer rief. Früher war ich derjenige, der am Weihnachtsbaum die Kerzen anzündete und dann das Glöcklein ertönen ließ. Jetzt ist ein Schalter anzutippen, dann leuchtet die ganze LED-Pracht.

Von wegen, sind die Lichtlein angezündet, ganze Ketten, wahre Lichtkaskaden, nehmen den Platz von Lichtromantik ein.

Immer wird bei uns die Weihnachtsgeschichte, Lukas Evangelium, 2. Kapitel gelesen. Ich hatte unsere alte Hausbibel im Weihnachtszimmer bereit gelegt. Doch sie war nicht aufzufinden, lag irgendwo unter den Paketbergen, die auch die Sicht auf das untere Drittel des Tannenbaumes nahmen. Mein Vorschlag, ein Weihnachtslied zu singen, ging bei dem Geraschel und den Reißgeräuschen von Papier unter. Mit der Gier eines Fuchses im Hühnerstall stürzte sich der Nachwuchs auf die Geschenke. Meine liebe Frau spielte Lotse, nannte Herkunft und Zuordnung der Gaben. Es gab Jubel und Trauer. Für die sich ziemlich groß fühlenden Kinder hatte ich eine spannende Fantasy-Geschichte geschrieben, hatte mich ordentlich um Jugendsprache bemüht. Die älteste Enkelin, schaute quer über den Text. „Danke, Opa", sagte sie trocken: „Aber isso, darth vadern, Vollpfostenantenne, das war Vorgestern, echt lass es lieber." Enttäuscht ging ich einen Kirchenschnaps trinken. Als ich wieder zurückkam, flog gerade ein Steckbaukasten durch das Geäst unseres Tannenbaumes. Irgend so eine „Omatante" hatte der Kleinen ein Teil für das Alter von 2-4 geschenkt, wo sie doch schon Fünf war. So etwas löst ungebremste Wut aus, wofür die Eltern Verständnis zeigten, auch Stolz, dass die Kleine das schon erkannt hatte. Ich ging lieber in die Küche einen Kirchenschnaps trinken, machte das Küchenradio an und hörte eine Übertragung des Weihnachtsoratoriums, alte Aufnahme. Peter Schreier als Evangelist. Das dauerte länger. Wieder im Weihnachtszimmer sah ich zuerst die Kleine nicht. Dann entdeckte ich sie. Hinter einer der meterhohen Abfallhalden war sie eingeschlafen. Friedlich ruhte der Kopf auf einem langohrigen Plüschtier, in der Hand hielt sie eine Schleife aus rotem Einwickelband.

Meine Frau, die um uns Besorgte, lud uns zu Kartoffelsalat und Bockwurst ein. Aber es war kein Platz in der Herberge, weder sich zu setzen, geschweige denn die Teller abzustellen. So aßen wir stehend in der Küche. Jetzt lief das Weihnachtsoratorium nicht mehr, dafür sprach einer sehr getragen und hoheitsvoll über Not, Elend und Hunger auf dieser Welt und wie das mit der Weihnachtsbotschaft in Verbindung gebracht werden kann. Aber wirklich, die können einem das bisschen Appetit auch noch nehmen, sagte Sohnemann und wechselte den Sender. Da kamen Weihnachtslieder im Kaufhaussound. Was ziemlich scheußlich war, aber Essen ohne Scham zuließ.

Zurück im Weihnachtszimmer hatte sich die Geschenkeschlacht müde gelaufen. Die Kleine wurde zu Bett gebracht, wachte dabei auf, und das ihr Wiedereinschlafen bewachende Elternteil schlief gleich mit ein. Nach und nach zogen immer mehr dem Bett entgegen.

Wir beiden Alten gingen in die Küche, klar Schiff machen für das morgige Frühstück, das etwa in die Mittagszeit fallen würde. Dann sagte meine Frau, drinnen ist es so still, komm, wir gehen noch auf ein letztes Licht. Das kam aus ihrer Kinderzeit, mit dem liebsten Geschenk im Arm durfte sie immer aufbleiben bis das letzte Licht am Baum erloschen war.

Am Tannenbaum hatte ich vorausschauend eine echte Kerze angebracht. Ich entzündete sie, löschte die elektrische Beleuchtung. Dann wischten wir die Geschenkpapiere von der Couch und setzten uns. Meine Frau sagte, dass sie gar kein Geschenk für mich gehabt hätte. War ja so abgesprochen, antwortete ich, du selber bist doch mein bestes Geschenk. Du doch auch, sagte sie. Wir küssten uns innig und schwiegen gerührt. Später sprachen wir über früher und heute, über Weihnachten als menschheitlichen Traum. Da tauchten zwei Wuschelköpfe hinter einer Verpackungshalde auf. „Echt cool", sagte die Größere, „Weihnachten ohne Geschenkterror!" „Können wir zu Euch rauf kommen?" fragte die Kleinere.

Einmütig sahen wir die Kerze kleiner werden, sangen sogar noch ein, zwei, drei Weihnachtslieder. Plötzlich war die Weihnacht mit und bei uns. So schön, wie man es sich wünscht. Alle Jahre wieder.

DANKESWORTE

Ich danke Allen, die mich dazu ermuntert haben, meine Kurzgeschichten in Buchform herauszubringen.

Mein Dank gilt Frau Dr. Margot Krempien für die fachliche verlegerische Begleitung vom Manuskript bis zum fertigen Buch. Dank auch an Matthias Krempien für die Anfertigung der Fotos von den Originaldrucken.

Ein Dankeschön gilt meiner Schwester, Frau Dr. Mareile Bönisch, für die unkomplizierte Bereitstellung ihrer Illustrationen.

Ein besonderes Dankeschön gilt dem Inhaber des Engelsdorfer Verlages Leipzig, Herrn Tino Hemmann, der mit großer Sorgfalt und fachmännischer Kompetenz den Satz und Druck übernommen hat.

ZUM AUTOR
Christoph von Fircks (geb.1943)

Lebt seit 1945 in Mecklenburg. Nach Schulbesuch in Warin und Brüel und dem Studium an der Bergakademie Freiberg war er zehn Jahre in der geologischen Erkundung tätig und wechselte ab 1991 in die Baumaterialienproduktion.

Schon während seines Studiums in Freiberg begann er zu schreiben. Die mit literarischer Freiheit verarbeiteten Erinnerungen an seine Studienzeit „Grenzverletzungen" schrieb er 1989 während der Wendezeit. Ein Buch, das auf Verhältnisse in der damaligen DDR zurückgreift.

Von Fircks schreibt seit über 40 Jahren, jedoch immer als Freizeittätigkeit. Er hat mehrere Sacherzählungen zur Entwicklungsgeschichte der Erde für Kinder in verschiedenen Verlagen veröffentlicht, dem ZDF für Bildergeschichten Vorlagen geliefert und ist mit Erzählungen in mehreren Anthologien vertreten.

2012 erschien im Schelfbuch-Verlag sein Buch „Gnadenlose Arktis", das von drei Expeditionen nach Grönland spannend und abenteuerlich erzählt.

2018 folgte im Gmeiner-Verlag der Reiseführer: Lieblingsplätze zum Entdecken – Ostseeküste Mecklenburg-Vorpommern.

Christoph von Fircks gehört seit 1986 als Kandidat und 1989 als Mitglied dem Schriftstellerverband Mecklenburg-Vorpommerns an.

Zur Illustratorin
Mareile Bönisch (geb. 1941)

Dr. Mareile Bönisch ist pensionierte Ärztin und lebt in Güstrow. Sie gestaltet ihre Eindrücke in verschiedenen Maltechniken. Ihre Radierungen (und Holzschnitte) zeigen viel Liebe zum Detail und zur norddeutschen Landschaft. Das verbindet sie über die geschwisterliche Zuneigung hinaus mit dem Autor.